IMMER GEGENWÄRTIGER FRIEDEN

Arnaud Desjardins

Arnaud Desjardins

Immer gegenwärtiger Frieden

Seelische Gesundheit
und spirituelles Heilsein

Übersetzung
Sabine Seur und Anama Frühling

advaita media

Arnaud Desjardins

Titel der französischen Originalausgabe:
LA PAIX TOUJOURS PRÉSENTE
Santé psychique et santé spirituelle

Deutsche Erstausgabe:
IMMER GEGENWÄRTIGER FRIEDEN
Seelische Gesundheit und spirituelles Heilsein

1. Auflage

advaitaMedia – Weisheit aus der Stille
Am Gutspark 1, D-23996 Saunstorf
info@advaitamedia.com
www.advaitamedia.com

Die Herausgabe dieses Buches wurde durch die
finanzielle Unterstützung von Sabine Seur ermöglicht.

Übersetzung: Sabine Seur und Anama Frühling
Lektorat: Dr. Rüdiger Porep
Cover & Satz: Katja Dorow-Schwart, grafik@dorow-schwart.de
Titelfotos: © iStock (utah778 und wabeno)
Druck und Bindung: CPI books GmbH, Leck

Bibliografische Informationen der Deutschen Nationalbibliothek
Die deutsche Nationalbibliothek verzeichnet diese Publikation in der Deutschen Nationalbibliografie; detaillierte bibliografische Daten sind im Internet über http://dnb.d-nb.de abrufbar.

ISBN 978-3-936718-69-0

Arnaud Desjardins

Inhalt

Vorwort

Dieses Werk erhebt ebenso wenig wie die vorausgegangenen Bücher, die unter meinem Namen erschienen sind, philosophische oder literarische Ansprüche. Die Kapitel, aus denen es besteht, sind mündlich aufgenommen und dann transkribiert worden. Es fasst ausführliche Antworten auf Fragen von Menschen zusammen, die mehr oder weniger lange den Weg der persönlichen Transformation gegangen sind, den ich seit 1974 anbiete. Die Teilnehmer waren Menschen aus Québec und Mexiko, darunter Männer und Frauen mit großen Unterschieden, was soziale Herkunft, Bildungsniveau und Alter angeht.

Die Lehre, die auf diesem Weg vermittelt wird, ist vor allem die Frucht von neun Jahren meines persönlichen Übungsweges, der von dem Hindumeister Swami Prajnanpad während mehr oder weniger langer Aufenthalte und etwa 300 Begegnungen unter vier Augen im vertrauten Kreis seines kleinen Ashrams begleitet wurde. Ein anderer seiner französischen Schüler, Daniel Roumanoff (ein diplomierter Sanskritexperte und Indologe) hat dazu beigetragen, ihn bekannt zu machen und ihm dank der Überzeugungskraft seiner Ausführungen Anerkennung von einer beträchtlichen Anzahl französischer Intellektueller zu verschaffen, während ich auf Anregung und mit den Anweisungen von Swamiji

Anwärter und Anwärterinnen des Weisheitsweges empfing, die den Wunsch hatten, auch dem Weg, den ich selbst gegangen war, zu folgen.

Es fällt mir schwer, heute genau zu sagen, was von meinem Verständnis und meiner Erfahrung ausschließlich auf Swami Prajnanpad zurückgeht und was ich anderen Einflüssen, die meinen Weg mitgeprägt haben, verdanke. Im Alter von 20 Jahren (1949) trat ich in eine der „Gruppen" ein, die von direkten Schülern G.I. Gurdjieffs, seiner anerkannten Nachfolgerin Madame de Salzmann und Henri Tracol, geleitet wurden. Zu dieser Zeit lag Spiritualität längst nicht so im Trend, wie wir das heute kennen und ich lief nicht Gefahr, in den „Sciences Po" (den politischen Wissenschaften, in denen ich 1946 meinen Abschluss gemacht hatte), etwas darüber zu hören. Alles, was ich zum Thema „sich seiner Selbst bewusst zu sein" oder „sich nicht mit Gedanken und Gefühlen zu identifizieren" erfuhr, erschien mir völlig neu – obwohl es sich um ganz alte Kenntnisse handelte, die seit Jahrhunderten auf mehr oder weniger reine und lebendige Weise weitergegeben wurden. Ich habe also – wie viele andere in Europa oder Amerika – dank „Herrn Gurdjieff" viel gelernt und viele experimentelle Erfahrungen gemacht, obwohl ich ihm selbst nicht körperlich begegnet bin, und ich kann nicht ohne ein Gefühl tiefer Dankbarkeit an ihn denken oder eine seiner eindrucksvollen Fotografien betrachten.

Von 1949 an habe ich meine spirituelle Nahrung aus französisch- und englischsprachigen Werken bezogen, die sich mit Esoterik, Mystik und den traditionellen Lehren befassten, ob sie nun von Hinduismus, Buddhismus, Christentum, Sufismus oder alten griechischen Lehren inspiriert waren. 60 Jahre Lektüre ergibt eine Bibliothek, die am Ende sehr voluminös ist!

Auch wenn lesen, wieder lesen, studieren, einen Weisheitstext aufnehmen eine Rolle spielen, ersetzt doch nichts die Begegnung mit lebendigen Zeugen. 1958 eröffneten mir ein einmonatiger Rückzug in das Trappistenkloster Notre-Dame de Bellefontaine und die Gespräche, die ich mit dem Abt, dem Prior und Magister der Novizen führte, ein ganz anderes Verständnis des Christentums und eine Welt von alten Werken, von denen ich aufgrund meiner protestantischen Erziehung nichts wusste. Eine ungewöhnliche, aber tiefe und dauerhafte Freundschaft entstand zwischen Hochwürden Abt Dom Emmanuel und mir, die sich bis zu seinem kürzlichen Tod fortsetzte. Manchmal habe ich gelesen, Arnaud Desjardins sei Hindu oder Buddhist. Aber ich verdanke es Bellefontaine, dass ich es vorzog, mein Verständnis der Botschaft des Evangeliums zu vertiefen, statt zu einer anderen Religion zu konvertieren.

Dennoch war 1959 die Entdeckung Indiens mit den Ashrams von Swami Shivananda, Ma Anandamayi, Ramdas und der vedischen Literatur für mich, wie für meine erste Frau Denise, eine überwältigende Offenbarung. Zwischen 1959 und 1965 teilten wir unsere Zeit zwischen Frankreich (und den Gruppen Gurdjieffs) und Indien, folgten „Ma“ auf ihren Reisen und nahmen aus Liebe zu ihr alle möglichen unbequemen Situationen und Unannehmlichkeiten in Kauf. Wir finanzierten diese Reisen mit meinen Filmen, die ich in Indien selbst und in Afghanistan für das französische Fernsehen, für die Öffentlichkeitsarbeit der *ORTF* (Office de Radiodiffusion Télévision Française) drehte, die dem großen Kreis von Fernsehzuschauern ermöglichte, eine wenig bekannte Welt kennenzulernen, die ich gerade selbst entdeckte. Was mich heute bewegt und inspiriert ist – weiß ich oder weiß ich nicht – das, was ich Ma Anandamayi, Swami Ramdas und anderen verdanke.

1964-65 und dann 1967 fanden Begegnungen mit seiner Heiligkeit dem Dalai Lama statt (der damals viel leichter zugänglich war als heutzutage) und mit den großen tibetischen Rinpoches der ersten Auswanderergeneration, von denen noch keiner außerhalb Indiens gereist war. Die Produktion der vom Dalai Lama geförderten Filme brachte es mir ein, dass mich sein eigener Chefdolmetscher, Sonam Topgey Kazi aus Sikkim, während der ganzen Monate über begleitete und mir als Übersetzer diente. Ihm habe ich es zu verdanken, dass ich diesen Meistern präzise Fragen über die Meditationspraxis stellen und mein Verständnis überprüfen konnte. In demselben Zeitraum engagierte ich mich bei Swami Prajnanpad, mit dem ich mich direkt auf Englisch unterhalten konnte. Aber ich weiß auch, was die Erinnerung an Kangyur Rinpoche und Dudjom Rinpoche oder Dilgo Khyentse Rinpoche und an den 16. Karmapa, die ich später in unserem ersten Ashram in Bost en Auvergne empfing, mir bedeutete und vor allem noch immer bedeutet – und die Liste wäre lang, wenn ich alle Namen hier aufzählen würde. Ihre noch immer lebendige Präsenz bleibt eine tägliche Inspiration, ihr Einfluss und ihr Segen haben einen besonderen Platz im Hintergrund dessen, was ich heute vermitteln und anregen kann.

1967 und 1973 konnte ich schließlich mehrere Monate dem Studium bei bemerkenswerten Sufi *Pirs* widmen – in einem Land, in dem ich mich häufig aufhielt, wo ich Filme gedreht habe und das ich zutiefst liebte, das damals noch heitere und friedliche Afghanistan. Ich wurde von einem sehr lieben afghanischen Freund, Mohammed Ali Raonaq begleitet und übersetzt. Mehr noch als um die Techniken (*wazifa*, die *Lataïfs*, die Reinigung der *Naf*), die sich von meinen eigenen Praktiken unterschieden, drehten sich meine Fragen an die Weisen um die dualistische oder nicht dualistische Metaphysik (*wahdat-al-shuhud* und *wahdat-al-wudjud*). Die Worte eines von ihnen waren für meine Orientierung maßgebend.

Ich muss zugeben, dass weder bei den hinduistischen Weisen noch bei den tibetischen Meistern oder bei den *Pirs* mein Vorgehen von universitärer Disziplin bestimmt war. Ich notierte sehr sorgfältig eine Aussage und den Kommentar dazu, aber ich schrieb weder auf, aus welcher Upanishade sie stammte, noch ob es sich um den Koran selbst handelte oder um ein Hadith des Propheten. Was die tibetische, arabische oder persische Terminologie betrifft, transkribierte ich sie in Lautschrift, damit ich sie bei weiteren Gesprächen benutzen und den Sinn vertiefen konnte. Außerdem ist diese Genauigkeit, deren Wert ich kenne, da ich als Leser von Übersetzungen und Kommentaren davon profitiert habe, nicht das, was die „Suchenden“, denen ich seit 35 Jahren begegne, erwarten. Damit will ich sagen, dass die folgenden Seiten als das gelesen werden müssen, was sie sind: Antworten für Menschen, die ahnen, dass ihr Leben nicht nur daraus bestehen kann, Erfolg zu haben, zu scheitern, zu gewinnen, zu verlieren und schließlich glücklich und erneut unglücklich zu sein, zu altern und zu sterben.

Die Suche überschreitet Epochen, Kulturen, Rassen und Religionen. Aber welchen Verrat die Religionen auch begangen haben, welche Verbrechen in ihrem Namen verübt wurden, welcher Hass unter dem Banner des Wortes Liebe auch geschürt wurde, sind es doch meistens Minderheiten in ihrem Umfeld, die die wertvollsten esoterischen Kenntnisse gelebt und weitergegeben haben. Religionen spalten, Spiritualität vereint. Denn es ist mir niemals gelungen, einen unüberwindbaren Unterschied zu erkennen zwischen dem Frieden, der Gelassenheit und der Liebe, die ein Mahatma, ein Rinpoche, ein Scheich oder ein christlicher Mönch, der in Gott lebt, ausstrahlen.

Es ist diese gemeinsame universelle Grundlage, von der die Antworten inspiriert sind, die in diesem Buch gegeben werden. Sucht darin nicht etwas, was nicht darin zu finden ist: Einen gewissenhaft verfassten Text mit Belegen und genauen Zitaten. Wenn ihr ein sorgfältig konzipiertes und geschriebenes Werk lesen wollt, dann verweise ich euch auf die drei Bände von *Les Chemins de la sagesse* (Die Wege der Weisheit), die jetzt in einem Band zusammengefasst sind, und wenn ihr ein orthodoxes Sanskrit Fachvokabular wollt, wendet euch den vier Bänden des *Adhyatma yoga*, *A la recherche du Soi* (Auf der Suche nach dem Selbst) zu.

Als 1968-1970 *Les Chemins de la sagesse* veröffentlicht wurden, übersetzte ich darin unter anderem gewisse englische Begriffe, die Swami Prajnanpad in einem bestimmten Sinn verwendete. Es handelte sich dabei um Gedanken, die mich umso mehr beeindruckten, als ich sie bis dahin nirgendwo anders gelesen oder gehört hatte. Swamiji empfahl uns eine radikale Unterscheidung zwischen Emotion und Gefühl, Reaktion und Aktion, denken und sehen. Es ging also darum, „Emotion" und „Gefühl", „Reaktion" und „Aktion", „denken" und „sehen" nicht mehr zu verwechseln. Diese Begriffe drücken zutiefst verschiedene Wirklichkeiten aus, die allen Benennungen in irgendeiner Sprache vorausgehen. Meine Wahl des französischen Vokabulars brachte mir damals extrem kritische Briefe ein, denen zufolge diese Gegensätze nicht nur willkürlich, sondern falsch waren. Ich gehe nicht auf Details ein, denn diese Briefe waren lang und genau dokumentiert. Heute, 40 Jahre später, fand ich dieselbe Terminologie, die damals als so falsch angesehen wurde, in angesehenen Werken wieder.

Hier also „noch ein Buch von Arnaud Desjardins, der immer wieder dasselbe sagt". Nicht ganz dasselbe, nicht ganz auf dieselbe Weise. Und da niemand, um ein Buch zu lesen, die vorhergehenden Bücher desselben Autors auswendig gelernt haben muss, ist es nicht unnötig, Wahrheiten wieder und wieder zu hören, deren Wahrheitsgehalt wir selbst überprüfen können und mit denen wir uns so durchtränken können, dass sie uns von innen her verwandeln. Dieses Werk ähnelt also einer Folge langer Rundbriefe, die sich an einige von denen wenden, die Hilfe suchen, um sich innerlich zu wandeln, um sich von ihrer Angst zu befreien, um sich in dem inneren Frieden und der Liebe, zu denen es kein Gegenteil gibt, zu verankern. Es gab eine Zeit, in der diese Art Bücher eine gewisse Originalität besaßen. Heute erscheinen sie inmitten von vielen anderen Büchern, die mehr oder weniger von ähnlichen Quellen inspiriert sind. Aber wenn diese Literatur in Frankreich auch keinerlei Einschränkung erfährt, ist der Gedanke einer Meister-Schüler-Beziehung noch immer umstritten. Mögen diese Seiten, neben anderen, gewisse Bedenken in dieser Hinsicht ausräumen.

Eine Lehre, welcher Art auch immer, von der Medizin über die Kunst des Photographierens bis hin zu Eiskunstlauffiguren zu vermitteln, erfordert den Gebrauch eines präzisen Vokabulars und von Fachausdrücken, unter denen jeder genau dasselbe versteht. So müsste es auch in einer Weisheitsschule sein, aber wir sind davon weit entfernt. Meistens handelt es sich um Lehrsätze und Übungen, die ursprünglich sehr klar und deutlich in anderen als den heute gebräuchlichen Sprachen ausgedrückt wurden: in Sanskrit oder Pali, Hebräisch oder Arabisch, Altgriechisch oder Latein, Chinesisch usw. Die Übersetzungen unterschieden sich je nach Übersetzer: Derselbe Ausdruck wurde beispielsweise in unserer Sprache als Seele, Geist oder Bewusstsein wiedergegeben. Jede Tradition drückte sich im Laufe der Geschichte in ihrer Sprache aus und jeder Schüler, Mönch oder Asket benutzte sie. Heute jedoch haben zum Beispiel jene, die an die Tür unseres „Ashrams" in Hauteville klopfen, Vorträge gehört, Bücher gelesen, Seminare zu einem Spektrum von Inhalten verschiedener Herkunft besucht und sind positiv sensibilisiert für bestimmte Wörter, die bei anderen eine unangenehme, wenn nicht schmerzliche oder sogar unerträgliche emotionale Resonanz erzeugen, beginnend mit dem bekanntesten (und am unterschiedlichsten interpretierten) von allen, dem Wort Gott.

Um die „letztendliche Realität" zu beschreiben, die die Grundlage unseres individuellen Seinsbewusstseins ist, hat jeder Begriffe, die er bevorzugt oder die er ablehnt: Gott, das Absolute, das Unendliche, das Ewige, das Göttliche, der Atman (mit dem willkürlichen Großbuchstaben) oder das Selbst (eventuell das Höchste Selbst), das Himmelreich, das in uns ist, das Nicht-Geborene, die Buddhanatur, die wahre Natur des Geistes, der Geist (streng von der Seele zu unterscheiden), das Wesentliche und noch viele andere. Um diese Unterschiede zu berücksichtigen sah ich mich, sogar im Dienste einer präzisen Lehre unter vielen anderen auch gültigen, veranlasst, von diesen verschiedenen

Ausdrücken Gebrauch zu machen, als wären sie synonym. Aber ich weiß natürlich, wie sehr sie es für einen Theologen nicht sind. Wichtig ist, wenn man sich Männern und Frauen mit ihren schwierigen Lebensumständen, ihren Leiden und ihrem Durst nach einer anderen Lebensqualität gegenüber sieht, die Möglichkeit einer potenziellen Befreiung für jeden Menschen aufzuzeigen und nicht auf akademisch korrekte Weise eine Lehre zu vermitteln.

Nun ist es so, dass es unter den Männern und Frauen, die unseren Ashram besuchen, solche gibt, die keinerlei philosophische oder theologische Vorbildung haben, während einige andere dagegen bereits auf feste Überzeugungen in diesem Bereich festgelegt sind. Der gemeinsame Nenner aller ist die Unzufriedenheit – häufig ein anhaltendes Leiden, die Hoffnung auf eine mögliche Veränderung und eine Sehnsucht nach etwas, das mehr als Psychotherapie ist. Die metaphysische, nicht-dualistische höchste Lehre, wie sie sowohl von Meistern des Hinduismus als auch des Buddhismus formuliert wurde, ist, dass es angesichts der Vergänglichkeit von allem, „weder Schöpfung noch Auflösung gibt, weder Versklavung noch jemand, der eine spirituelle Praxis ausübt, weder jemand, der Befreiung sucht, noch jemand, der befreit werden kann“. Der Weg, die Übungen, die „heldenhaften“ Bemühungen, die Fortschritte sind nur Aspekte des Traums, aus dem wir aufwachen müssen. Nach dieser radikalen Sichtweise betreffen die folgenden Seiten nur die Illusion eines Egos, das das, was es schon ist, erreichen will. Aber dieser lächerliche Vorgang träfe auch auf den von Buddha gelehrten berühmten „achtfachen Pfad" (*asthanga marga*) zu. Diese Sammlung von beständig zu praktizierenden Übungen wirkt aus dieser Sicht genauso seltsam wie ein Lehrbuch, das einer Welle helfen soll, den Ozean zu erreichen, obwohl sie bereits der Ozean ist, sie immer in ihm und er in ihr in der Vollkommenheit des Nicht-Getrenntseins weilt. In Wahrheit muss, damit ein Ego (selbst wenn es „illusorisch" oder „irreal" ist) seine ganze Aufmerksamkeit, seine ganze psychische Energie auf seine Quelle, sein Selbst (*adhyatma*) richten kann, diese Energie kraftvoll und einheitlich sein, frei von den üblichen Gedanken, Emotionen, Wünschen und Ängsten (*vasana* und *sankalpa*).

Gewissermaßen ist alles, was in den verschiedenen Kapiteln, die folgen, angesprochen oder beschrieben wird, als Vorbereitung auf das direkte und unwiderrufliche Eintauchen in die Tiefe des Bewusstseins gedacht. Es bleibt jedem einzelnen selbst überlassen zu entdecken, ob seine eigene Erfahrung mit den klassischen Bildern übereinstimmt, wie dem Wassertropfen, der sich wieder mit dem Ozean vereint hat, dem vollen, im Meer versunkenen Wasserkrug, dessen Wand zerbricht und so die Trennung auflöst oder dem Fluss, der, obwohl er den Ozean längst erreicht hat und mit ihm verschmolzen ist, weiter zu ihm hin fließt.

1
Heilung vom Leiden

Jesus hat gesagt: „Ich bin nicht für die Gesunden gekommen, sondern für die Kranken", und Buddha wurde unter anderem auch ‚Der große Arzt' genannt. Wir können also zumindest für diesen Moment die anspruchsvollen Begriffe *Erwachen*, *Befreiung*, *Erleuchtung* beiseite lassen und das Wort Heilung benutzen.

Heilung und körperliche Gesundheit gehören in das Arbeitsgebiet der Ärzte und Chirurgen: diagnostisch wie auch therapeutisch. Auch als Laien wissen wir alle, worum es geht: hartnäckiger Husten, Herzrhythmusstörungen, schmerzhafter Rheumatismus sind die Symptome, die wir loswerden wollen. Wenn alle Krankheitssymptome beseitigt sind, zeigt sich die unbeeinträchtigte Gesundheit.

Für die geistige Gesundheit sind Psychiater, Psychologen und Psychotherapeuten zuständig. Präzise Fachbegriffe definieren und beschreiben die verschiedenen Krankheitsbilder. Die Heilung wird entweder durch Chemie (Beruhigungsmittel, Antidepressiva) oder durch ein Eingreifen auf der Ebene des Geistes selbst angestrebt: Psychotherapie bedeutet nicht Heilung des Geistes, sondern Heilung durch den Geist; das beste und repräsentativste Beispiel ist die Freudsche Psychoanalyse.

Aber was ist mit der spirituellen Heilung und der vollkommenen spirituellen Gesundheit? Zwei Antworten erscheinen zunächst plausibel: „Psychotherapie heilt das Ego, Askese heilt vom Ego" oder „Psychotherapie heilt den Geist, Askese heilt vom Geist". Was spirituelle Gesundheit angeht, ist tatsächlich alles pathologisch, was nicht unerschütterlichem innerem Frieden, bedingungsloser Freude und einer Liebe entspricht, die kein Gegenteil kennt. Seit vier Jahrtausenden stimmen die Beschreibungen von Heiligen oder Weisen aller Traditionen in dieser Hinsicht überein. Das Christentum verspricht „unbeschreiblichen Frieden" und „vollkommene Freude". Die Sanskritliteratur ist voll von den Begriffen *shanti* (Frieden) und *ananda* (Freude). Jeder Mensch muss sich wirklich ehrlich fragen, wo er in dieser Hinsicht steht – welche spirituellen Erfahrungen er auch gemacht und welche über-bewussten Geistesblitze er auch gehabt hat.

Die vollkommene spirituelle Gesundheit ist keineswegs eine Garantie für körperliche Gesundheit. Wenn auch gewisse Yogis bis ins hohe Alter – wie wir sagen würden – fantastisch in Form geblieben sind, sind doch fast alle großen Weisen im Alter mit Krankheit konfrontiert. Der Unterschied liegt in der Art und Weise, wie sie mit ihren Leiden umgehen und wie tiefgehend sie ihr Erwachen und ihre Freiheit angesichts des Verfalls ihres physischen Körpers bezeugen. Man darf aber auch nicht geistige mit spiritueller Gesundheit verwechseln. Wenn sich auch Generationen von Weisen und Heiligen über das, was spirituelle Gesundheit ist, einig gewesen sind, gibt es hinsichtlich geistiger Gesundheit jedoch selbst unter Experten Meinungsverschiedenheiten: Welcher innere Aufruhr und welches äußere Verhalten wird noch als normal oder als nicht mehr normal angesehen? Gewisse Psychiater und Psychoanalytiker halten sogar die spirituelle Suche für pathologisch. Ich kannte früher einmal zwei Analytiker, die öffentlich die Meinung vertraten: „Wir halten die Behandlung für abgeschlossen, wenn der Patient von jedem Interesse für das spirituelle Leben geheilt ist." Spiritualität wird nur als Flucht vor der harten Wirklichkeit betrachtet (was sie manchmal auch ist), und die vollkommene Gelassenheit in Prüfungen wird als Gipfel der Realitätsverleugnung angesehen und zu einer Art kompensatorischem Wahn verdreht (ich denke dabei zumindest an ein ganz bestimmtes Beispiel).

Buddha hat gesagt: „Ich lehre nur zwei Dinge, oh ihr Schüler, das Leiden und das Beenden des Leidens." Man hat dem Buddhismus häufig genug Pessimismus vorgeworfen. Ich habe früher seitenweise christliche Autoren gelesen, die diesen buddhistischen Pessimismus der von Christus versprochenen Freude gegenüberstellten. Tatsächlich habe ich jedoch bei tibetischen Buddhisten, selbst bei Flüchtlingen, die unter erbärmlichen Umständen in Indien lebten, mehr Freude gespürt als bei vielen französischen Christen.

Das Erwachen Buddhas ist für einen Großteil Asiens genauso bedeutsam wie die Auferstehung Jesu am

Ostermorgen für die Christen. Es ist also ein Ereignis, das das gesamte Universum betrifft, und wenn man der buddhistischen Legende glaubt, sind selbst die Götter aller feinstofflichen Reiche davon zutiefst beeindruckt. Aber der ‚Vollkommene' – so lautet einer von Buddhas Titeln – spürt: „Das, was ich erkannt habe, ist so weit von den üblichen Sorgen der Menschen entfernt, so anders als alle ihre Überzeugungen, dass dies niemanden interessieren wird. Niemand wird verstehen, was ich sage." Der Überlieferung nach soll ein Gott aus dem hinduistischen Götterhimmel ihm daraufhin erklärt haben: „Viele Menschen werden nicht zuhören, wenn du sprichst; andere werden zuhören, aber deine Worte kritisieren und verhöhnen; wieder andere werden deine Worte sehr interessant finden und sie gleich darauf wieder vergessen. Aber einige wenige werden zuhören, werden sich überzeugen lassen, werden deine Worte in die Tat umsetzen und gleichfalls erwachen (was ungefähr dem Gleichnis vom Sämann im Evangelium entspricht)." Da verkündete Buddha: „Also gut, für Letztere werde ich das Rad des Dharma in Gang setzen und werde sie das zu lehren versuchen, was ich erkannt habe, und ihnen den Weg weisen." Er beschließt, zunächst seine alten Gefährten aus den Jahren der Entbehrung aufzusuchen, die sich von ihm abwandten, als er aufhörte, sich zu kasteien und von einem Mädchen eine Schale Milchreis annahm. Buddha macht sich also zum Park von Sarnath, dem Park der Hirschkühe auf, der neben der heutigen Stadt Benares (oder Varanasi) liegt, die es schon vor 3000 Jahren gab. Seine ehemaligen Weggefährten, die ihn von Weitem kommen sehen, beschließen, ihn höflich durch ein einfaches Kopfnicken zu grüßen, aber als Buddha näherkommt, geht ein solches Leuchten von ihm aus, dass die vier Sadhus sich vor ihm auf den Boden werfen. Da öffnet Buddha zum ersten Mal seit seiner Erleuchtung den Mund. Die Welt wartet gespannt: Buddha wird die Wahrheit lehren. Und dieser spricht als erstes die berühmten Worte: *sarvam duhkham* „Alles ist Leiden“. Die Existenz besteht im Wesentlichen aus Leiden: Die Umstände verursachen oft grausame Schmerzen und die glücklichen Umstände enttäuschen, weil sie nie lange dauern. Ein Moment des Glücks kann nicht vollkommen sein, denn wir wissen tief in unserem Innern sehr wohl, dass er vergänglich ist. Die Freude über eine Geburt birgt in sich den Schmerz des Todes.

Buddha hat die Wahrheit gesagt. In unendlich vielfältigen Formen herrscht das Leiden über die Welt: Da ist das Leid derer, die mit Kathetern, Infusionen, mit mehr oder weniger schlimmen Symptomen in einem Krankenhausbett liegen; da ist der Schmerz, Kinder leiden zu sehen; da sind die beruflichen Sorgen, die Schwierigkeiten zwischen Eltern und heranwachsenden Kindern, die Gewalt und die Kriege und so weiter – von den großen persönlichen Tragödien ganz zu schweigen. Es reicht nicht aus, mit der Vorstellung zu leben: „Das wird später schon besser werden, morgen werde ich Erfolg haben, morgen werde ich meiner großen Liebe begegnen, morgen werde ich wirklich glücklich sein.“, um die dauerhafte Erfahrung von Gelassenheit und Freude zu machen. Auf dem Planeten herrscht das Leiden.

Und Buddha fährt fort: „Von dem getrennt zu sein, was man liebt, ist Leiden; an das gebunden zu sein, was man nicht liebt, ist Leiden.“ Es ist so offensichtlich! Auf die Welt zu kommen, ist Leiden. 2500 Jahre nach Buddha hat man das Trauma der Geburt erkannt. Es ist ein unglaublicher Schock für das Baby, den Frieden des Mutterleibs zu verlassen. Krankheit ist Leiden, Altwerden ist Leiden, und wir bemühen uns heute verbissen, Anti-Age-Cremes zu entwickeln. Der Tod bedeutet Leiden – für jene, die Angst vor dem Tod haben und für jene, die einen geliebten Menschen verloren haben. Natürlich gibt es glückliche Momente, aber sie machen uns etwas vor. In Tausenden von Zusammenkünften, an denen ich seit 35 Jahren teilnehme, melden die Leute sich niemals zu Wort, um einfach nur zu sagen: „Ich bin sehr glücklich“. Alle sprechen von irgendeinem Missempfinden, wenn nicht sogar von Verzweiflung. Sicherlich gibt es Momente, in denen man ein Glücksgefühl erlebt, weil es eine gute Nachricht gibt, aber dieses Glücksgefühl, das ganz und gar von den Umständen abhängt, ist zeitlich begrenzt.

Ja, manchmal waren wir voller Freude, ja, wir haben die Hoffnung, dass wir vielleicht morgen das Glück finden werden. „Wenn die Dinge auf diese Weise geschehen würden, wäre ich überglücklich!“ oder „Sobald mir dieses oder jenes gelungen ist, wird alles wunderbar sein". „Wenn" und „sobald". Nur ist es leider so: Dieselbe Person, die mit 30 Jahren an einer Veranstaltung mit einem tibetischen Rinpoche teilnimmt, spricht von ihrem Leiden; wenn sie zwanzig Jahre später eine Veranstaltung mit einem hinduistischen Weisen besucht, wird sie noch immer von ihrem Leiden sprechen. Es liegt nicht an meiner negativen Einstellung, wenn ich das so sage, es ist mein tägliches Brot. Es gibt tatsächlich Momente des Glücks – und ihr könnt diese Momente umso mehr genießen, je mehr ihr euch innerlich verändert habt – aber die Angst vor Schreckensszenarien in der Zukunft ist nicht verschwunden. Es gilt also Folgendes festzuhalten: Weder die medizinischen Fortschritte noch die allgemeine, allen zugängliche Schul- und Berufsausbildung, weder die Demokratie noch der Sozialismus, weder der Liberalismus noch der Fortschritt in der Wissenschaft – nichts von alledem hat je die Tragik unserer Existenz verringert. Ich sage das nicht als Ausdruck von Niedergeschlagenheit oder Hoffnungslosigkeit, aber ich sage es dennoch und fühle dabei zutiefst all dieses Leiden, das ich seit so vielen Jahren anhöre und aufnehme und denke an all jene, die überall auf der Welt leiden, in Städten und Dörfern, in denen ich noch nie war.

Glücklicherweise endet das, wovon Buddha Zeugnis ablegt, nicht an dieser Stelle. Er verspricht etwas, das jenseits des Leidens ist. Ich bin nicht der Überzeugung, dass man zum Buddhismus übertreten sollte, sondern ich denke, dass man sich ansehen muss, was dieser Ansatz an universeller Wahrheit enthält. *Es gibt eine Entdeckung zu machen, die einer anderen Ordnung angehört als unsere gewohnte Erfahrung und die viel mehr darstellt als eine Verbesserung innerhalb unserer gewohnten Sichtweise.*

Nachdem Buddha in dieser berühmten ersten Rede von Sarnath seine Erkenntnis „sarvam duhkham", alles enttäuscht uns letzten Endes, dargelegt hat, fügt er hinzu: „Es gibt eine Ursache für das Leiden". Wie jetzt? *Eine* Ursache für das Leiden? Es gibt Tausende von Gründen zu leiden, so viele verschiedene Möglichkeiten, von dem getrennt zu sein, was man liebt oder an das gebunden zu sein, was man nicht liebt. In unserer alltäglichen Erfahrung gibt es unendlich vielfältige Leidensfaktoren: Krankheit, Trauer, Geldmangel, Angriffe, Verlassenwerden, Verrat, Ehestreit, Verleumdungen oder Böswilligkeiten. Unser Geist ist felsenfest davon überzeugt: wenn ich unglücklich, voller Sorge und Angst bin, dann wegen diesem oder jenem. Davon zeugen alle die Mitteilungen, die ich und andere seit so langer Zeit zu hören bekommen.

Und dennoch hat Buddha behauptet: „Es gibt *eine* Ursache", und diese ist nicht außerhalb von uns. Es gibt Millionen offensichtliche äußere Gründe für das Leiden und wir werden niemals alle beseitigen können. Man heilt die eine Krankheit und eine andere tritt an ihre Stelle; man verbessert seine finanzielle Situation, aber man macht sich große Sorgen um den ältesten Sohn, der Drogen nimmt, und so weiter; es kann sowohl die individuelle als auch die kollektive Situation betreffen. Wie soll man da Buddhas Lehre verstehen, dass es nur *eine* Ursache für so viel Leiden gibt; dass diese Ursache in uns selbst liegt, in unserer Art und Weise, die Dinge wahrzunehmen, zu begreifen und zu bewerten. Mit diesen drei Worten „wahrnehmen", „begreifen" und „bewerten" ist alles gesagt. Ich nehme etwas wahr und schließe daraus: „Das ist eine sehr gute Nachricht, das macht mich glücklich." Das ist in dem Moment meine Überzeugung. Ich nehme etwas anderes wahr und ich finde das bedrohlich. Ob ich entscheide: „das ist beglückend" oder „das ist beunruhigend", ist meine eigene Vorstellung; ich bin es, der das so sieht. Und angesichts all dieses Auf und Ab wagt Buddha zu behaupten: Es gibt nur *eine* Ursache für das Leiden, sie ist in euch, es liegt an der Art und Weise wie ihr fühlt und jedes Ereignis, jede Situation, jedes Phänomen erlebt. Dieses Thema wird auch ausführlich in der Philosophie der Stoiker behandelt.

Wenn ihr euch die Mühe macht, verschiedene Traditionen zu studieren, seht ihr, dass diese Lehre sich in der Tat überall wiederfindet. Es ist genau die Lehre von Swami Prajnanpad. Und Christus hat nie gesagt: „Dank meiner Worte wird sich die Welt so wandeln, dass es nur noch Glück auf Erden gibt." Er hat gesagt: „Die Welt wird euch in Bedrängnis bringen, aber verzagt nicht: Ich habe die Welt überwunden." Buddhas Lehre ist äußerst präzise, fast schon wissenschaftlich: Das Leiden hat im Grunde nur einen Ursprung. Dieser Lehrsatz ist der zweite von dem, was man auf Deutsch die „Vier edlen Wahrheiten“ nennt.

Die dritte edle Wahrheit lautet: „Wenn ihr diese Ursache beseitigt, beseitigt ihr auch das Leiden.“ Buddha hat nicht gelehrt: „Ihr beseitigt die Gründe für das Leiden auf der Oberfläche des Planeten“, sondern „ihr beseitigt die Tatsache des Leidens überhaupt“. Das ist einleuchtend, wenn auch erstaunlich. Ihr müsst natürlich nicht alle sofort daran glauben, aber diese Lehre liefert seit 2500 Jahren äußerst überzeugende Ergebnisse und lässt sich mit allen anderen authentischen spirituellen Ansätzen vereinbaren.

Die vierte edle Wahrheit lautet folgendermaßen: „Es gibt einen Weg, eine Methode, die das Leiden verschwinden lässt, indem sie seine Ursache beseitigt.“ Das ist das Herz des Weges. Soweit ihr eure eigenen ungünstigen Umstände verbessern könnt, tut das. Wenn euch eine Bank einen Kredit verweigert, versucht den Kredit von einer anderen Bank zu bekommen. Und wenn ihr Kopfschmerzen habt, nehmt eine Aspirin. In Indien wäre man nie auf die Idee gekommen, einem *Jivanmukta* wie Ramana Maharshi, dem ein Tumor in der Schulter heftige Schmerzen bereitete, Morphiumspritzen zu geben. Aber einer seiner alten Schüler erzählte mir, dass der Maharshi ihn eines Tages bat: „Ich habe Kopfschmerzen, gib mir eine Aspirintablette.“ Diese scheinbar banale Geschichte hatte bei mir eine tiefe existentielle Wirkung. Welche Einfachheit! Gegen den Schmerz, den mir der Krebs zufügt, kann ich nichts machen, da nützt Aspirin nichts. Aber gegen Kopfschmerzen kann Aspirin vielleicht helfen. Ich habe Bhagavans Bitte wie eine große Lehre empfunden. Sie bedeutet, wenn wir nicht völlig egoistisch sind, uns nicht nur zu fragen, wie wir auf diese oder jene mehr oder weniger wirksame Art und Weise unsere eigenen Schmerzen, sondern auch die der anderen verringern können. Man kann nicht sagen, dass die Einführung des Kommunismus, der einen Teil der Menschheit mit ungeheurer Hoffnung erfüllte, das Leiden des russischen Volkes wirklich vermindert hätte. Ob es sich nun um kollektive Tragödien handelt oder um persönliche Verzweiflung: Der Mensch hat immer wieder versucht, die unzähligen Leidensfaktoren zu ändern, und sei es durch Gewalttaten, die wiederum zu neuen Tragödien führten. Sicher ist es richtig, jenen, die existenzielle Not leiden, zu helfen und das Leben zu erleichtern, aber es ist eine Lösung, die immer ihre Grenzen haben wird.

Buddha sagt uns also: „Die Ursache liegt in euch selbst." Es gibt tausende äußere Gründe, aber nur eine einzige innere Ursache. Ihr könnt nicht alle äußeren Leidensquellen beseitigen, aber ihr könnt das Leidensgefühl selbst aufgeben. Insofern gibt es *eine* ganz einfache Wahrheit, aber sie muss vollständig integriert werden, damit sie nicht wieder in Frage gestellt wird. Wenn man sagt: „Mein Gott, was für ein Leiden in dieser Welt!", wovon redet man dann eigentlich genau? Von Prüfungen, von Tragödien, von einem Tsunami, von einem Bürgerkrieg? Oder von manchmal schrecklichen persönlichen

Erfahrungen von Männern, Frauen und Kindern, die unglücklich und angsterfüllt sind und von schmerzhaften Gefühlen gequält werden? Im Allgemeinen bezeichnet dasselbe Wort beide Aspekte. Und es ist möglich sie voneinander zu trennen: es ist möglich zu verhindern, dass die Situationen, die euch schon so lange schmerzen, euch weiterhin verletzen. Anders ausgedrückt, es ist möglich, *dass ihr in euch selbst einen endgültigen Frieden findet, eine Freude, eine Gelassenheit, eine Sicherheit, eine Abwesenheit von Angst, die nicht mehr von äußeren Bedingungen, Umständen und Ereignissen abhängen.* Das ist die Grundidee, die den ganzen *Weg* inspiriert. Aber zu Beginn des Weges haben wir praktisch keine Erfahrung mit dem, wovon ich in diesem Moment rede. Wir wissen nur, dass das, was wir gute Nachrichten nennen, uns glücklich und das, was wir schlechte Nachrichten nennen, uns unglücklich macht. Und für uns gibt es eine zwangsläufige Verbindung zwischen Ursache und Wirkung. In Wahrheit könnt ihr dem ein Ende setzen und aufhören, den Ereignissen Macht einzuräumen, die euren Frieden stehlen, eure Freude, eure Bereitschaft für Liebe und Mitgefühl.

Die gute Nachricht ist also, dass es eine einzige Ursache gibt, die allen Leidensformen zugrunde liegt und dass sich diese Ursache in uns selbst befindet. Wenn sie außerhalb von uns läge, so wäre es hoffnungslos, denn wir haben nur eine sehr begrenzte Macht über das Äußere. Aber ihr werdet ungeheuer viele Möglichkeiten finden, auf das Innere Einfluss zu nehmen. Wenn es zwangsläufige Verbindungen gäbe zwischen Ursache und Wirkung, würde ich es mir nicht mehr erlauben, von einer „verständlichen", „allgemein anerkannten" oder „offensichtlichen" Ursache des Leidens zu sprechen, sondern einfach nur von der Ursache des Leidens. Wenn ich einen Stock nehme und damit Ma Anandamayi, Ramana Maharshi oder Kangyur Rinpoche schlage, werden sie alle Blutergüsse haben: das ist eine unerbittliche Kausalität. Aber wenn kurz nach der Machtergreifung Chinas in Tibet, Kangyur Rinpoche, der alles, wirklich alles verloren hat, sich als Emigrant auf indischem Boden wiederfindet, ohne ein Wort Englisch oder Hindi zu sprechen, mit mehreren Kindern, darunter einer der älteren Söhne krank, ohne finanzielle Mittel, dann gibt es viele für uns nachvollziehbare Gründe für ihn zu verzweifeln. Nun habe ich ihn aber Gelassenheit ausstrahlend angetroffen, erhaben, unvergesslich, vollständig für andere da. In seinem Fall galt die normale Beziehung von Ursache und Wirkung nicht mehr. Sagt ihr etwas Boshaftes zu jemandem, der auf gewöhnliche Weise funktioniert, dann verletzt ihr ihn. Sagt ihr etwas noch Verletzenderes und Drohenderes zu Kangyur Rinpoche, Swami Ramdas oder Swami Prajnanpad, verletzt ihr sie überhaupt nicht und beeinträchtigt damit in keiner Weise ihre Liebe für euch.

Mit diesen Begegnungen und diesen Beobachtungen nähern wir uns dem Verständnis der „vier edlen Wahrheiten", die Buddha in Bezug auf den Leidensmechanismus selbst dargelegt hat. Wenn ihr die innere Leidensursache auslöscht, löscht ihr damit nicht die konkreten äußeren Leidensursachen – das ist ein anderes Thema. Ihr entfernt damit den innersten Keim des Leidens und die Wechselfälle des Lebens haben dann nicht mehr die Macht, euch unglücklich zu machen. Das drückt es auf einfache und realistische Weise aus. Aber wir alle wissen es zunächst nicht besser, als für das Leiden ganz selbstverständlich äußere Begründungen zu finden. Und wir sind ihnen vollkommen ausgeliefert: mal sind wir froh, mal niedergeschlagen, je nach den alltäglichen Gegebenheiten. Wir fragen uns also immer: „Wie kann ich die äußeren Ursachen meines Leidens beseitigen oder wenigstens verringern?“ Selbst nach mehreren Jahren des sich Bemühens auf dem inneren Weg kreisen für viele die Fragen eindeutig immer noch um das eine Thema: „Wie kann ich die für mein mangelndes Wohlbefinden verantwortlichen Situationen ändern?“ Selbst der Gedanke einer Veränderung im Sein ist vollständig an die Hoffnung geknüpft, dass diese Veränderung die äußeren Bedingungen verwandeln wird. Wenn ich mich ändere, wenn ich mich verbessere, werde ich beruflich noch erfolgreicher sein oder die Frauen werden sich noch mehr für mich interessieren. Und ihr setzt immer noch eure ganze Hoffnung darauf, endlich vom Leiden, von der Angst befreit zu werden, eure Hoffnung darauf, endlich wirklich glücklich zu sein, auf die Verbesserung der äußeren Umstände in allen möglichen Bereichen.

Seht und prüft selbst: Könnt ihr mit solchen Vorstellungen einverstanden sein? Diese an Situationen geknüpften Hoffnungen schaden der wahren *Hoffnung.*

Wir haben alle möglichen Hoffnungen: mehr Geld zu verdienen, dass ein neues Medikament für unsere Krankheit gefunden wird, tausende von Hoffnungen. „Wenn die Dinge nur so laufen würden" oder „sobald die Dinge so laufen". Auf das „wenn" und das „sobald" stützt sich die ganze Gedankentätigkeit. Es gibt tausend Hoffnungen, aber es gibt nur *eine* wahre Hoffnung: die Wurzel des Leidens in euch selbst auszureißen. Dann haben selbst widrige äußere Umstände keine Macht mehr über euren inneren Frieden und eure innere Gelassenheit. Aber, selbst wenn ihr das mit dem Verstand hört und akzeptiert, werdet ihr davon nicht wirklich überzeugt sein und weiterhin darauf warten, dass eure Hoffnungen sich erfüllen. Und dabei vergesst ihr, dass diese wahre Hoffnung uns ein Ziel anbietet, das sich von allen gewöhnlichen Zielen unterscheidet: nämlich in uns die Möglichkeit zu leiden als ein zutiefst inneres Gefühl, nicht als schmerzhaftes Ereignis, auszulöschen. Das Christentum verspricht uns „unvorstellbaren Frieden" und „vollkommene Freude", „bleibende Freude", ein Ausdruck, der berühmt wurde, weil er der Titel eines der bekanntesten Werke von Bach ist: „Jesu bleibet meine Freude". Ja, wer ein bisschen sucht, entdeckt, dass sich im Grunde dieselbe Lehre im Christentum findet. Seit 2000 Jahren gibt es Darstellungen von heiligen Männern und Frauen, die unter schlimmsten Bedingungen Frieden und Freude ausstrahlten. Es ist unbegreiflich und doch wahr. Sagt also nicht: „Das gibt es nur im Buddhismus."

Die große, die wesentliche Frage auf dem Weg lautet also für euch: Was ist diese einzige Leidensursache in mir selbst? Die Weisen werden euch antworten: Es ist „das Ego" oder „der Geist", denn es gibt verschiedene Möglichkeiten, diese einzige psychische Ursache zu beschreiben. Umstände wie die, die euch früher geschmerzt hätten, wird es immer geben, aber dafür zu sorgen, dass sie eure Gelassenheit oder eure Angstfreiheit nicht mehr erschüttern können, ist der innerste Kern aller Religionen. Jesus hat gesagt: „Mein Königreich ist nicht von dieser Welt." Er ist nicht abhängig von guten oder schlechten Nachrichten. Wenn man das Evangelium liest, muss man daran denken, dass das wichtigste Thema für alle Juden dieser Zeit eine äußere Situation war: Israel war besetzt und versklavt von Römern – von Fremden, von Eroberern, von Heiden. Nun aber wagte Jesus, einem römischen Zenturion, einem Götzendiener und einem Besatzer zu sagen: „Ich bin in Israel noch nie einem derartigen Irrglauben begegnet." Schon allein diese Aussage hätte gereicht, um ihn noch vor der Kreuzigung zu steinigen. Deshalb versteht man, wenn man das Evangelium richtig liest, dass für Christus nicht die Veränderung der Situationen das Wesentliche war. „Mein Königreich ist nicht von dieser Welt", aber ihr könnt es in dieser Welt finden und so viele christliche Heilige haben das bewiesen. Mehrere Sufis wurden im Verlauf der Geschichte von engstirnigen orthodoxen Muslimen verfolgt. Aber alle Zeugnisse bestätigten, dass sie Gott priesen und jene segneten, von denen sie gemartert wurden. Es handelt sich also nicht ausschließlich um eine buddhistische Lehre. Es ist der innerste Kern eines jeden Weges: Die Ursache unseres Leidens, die Möglichkeit, überhaupt zu leiden, liegt in uns; es ist die egozentrische Art und Weise, wie wir funktionieren. Und auf eure innere Welt könnt ihr Einfluss nehmen, sogar großen Einfluss. Diese Aussagen sind nicht „Buddhas Gedanken“ oder „Swami Prajnanpads Ideen“, es sind die Wahrheiten, die von den Weisen übermittelt wurden, seit wir Kenntnis von ihnen haben, seit dreitausend, viertausend Jahren. Und je freier wir selbst von schmerzhaften Gefühlen und Ängsten werden, desto bereitwilliger können wir die der anderen auffangen und versuchen, ihnen in den Grenzen unserer Möglichkeiten und in der Grenzenlosigkeit unserer Liebe zu helfen. Das ist die große Hoffnung, der dieses ganze Buch gewidmet ist.

Buddha zeigte den Weg (*marg*), aber dieser ist nicht auf den Buddhismus beschränkt. Die Abweichungen und Widersprüche zwischen den verschiedenen Traditionen beruhen vor allem auf dem benutzten Vokabular und man kann zum Beispiel die Verwandtschaft, aber nicht die Gegensätzlichkeit vom Atman des Vedanta und dem Ungeborenen des Buddhismus zeigen, die sich beide offenbaren, wenn das Ego ausgelöscht ist.

Die Essenz des Weges ist die Selbsterkenntnis, die zur Erkenntnis des Selbst führt. Das was der Buddhismus auf Deutsch unter der „wahren Natur des Geistes" versteht, wird in den Übersetzungen aus dem hinduistischen Sanskrit als „die wahre Natur des Bewusstseins" bezeichnet, das frei ist von der Identifikation mit den „Formen", die sich ständig wandeln (Empfindungen, Gefühle, Gedanken). Und unsere innere Transformation, die Erfahrung von Befreiung, ist vor allem die Frucht von wahrer „Selbsterkenntnis". „Würde ich mich selbst kennen, würde ich auch Dich kennen", hat Sankt Augustinus geschrieben.

Außer im Leichenzustand ist ein menschliches Wesen offensichtlich kein fester Gegenstand wie etwa ein Skelett oder ein Möbelstück, sondern ein unaufhörlicher Prozess, eine Funktionseinheit. Chemische oder elektrische Phänomene laufen ebenso während des Schlafs wie im Wachzustand ab. Mit Sicherheit hat die moderne wissenschaftliche Forschung, die von immer leistungsfähigeren Instrumenten und Apparaten profitiert, die Kenntnisse über die physiologischen, emotionalen und zerebralen Mechanismen außerordentlich weit vorangetrieben. Aber durch eine auf Selbsterkenntnis und Selbstbeobachtung beruhende Vorgehensweise, deren Intensität sich westliche Zeitgenossen nicht einmal vorstellen können, haben die Weisen schon in alten Zeiten ein anderes Wissen genau beschrieben und weitergegeben, das gleichfalls äußerst gründlich, kostbar und vor allem befreiend ist und das verschiedenen esoterischen Lehren zugrunde liegt.

Man findet zum Beispiel einen Aspekt davon in der buddhistischen Lehre von den fünf Skandhas: *rupa, ve-*

dana, samjnana, samskara und *vijnana,* Begriffe, die allgemein mit „Form", „Empfindungen", „Wahrnehmung", „unserem Geist innewohnende Neigungen" und „Bewusstsein" übersetzt werden. Aber wenn wir nicht mit einem qualifizierten buddhistischen Meister in Verbindung stehen, reicht das Lesen dieser Begriffe nicht aus, um uns eine klare Einsicht in den Prozess zu vermitteln, um den es hier im Wesentlichen geht.

Eine einfache Annäherung, unabhängig vom orthodoxen Buddhismus, läuft gleichfalls auf den Gebrauch von fünf Begriffen hinaus: Wahrnehmung, Vorstellung, Beurteilung, Antrieb (oder Handlungsneigung) und Handlung selbst.

Die Wahrnehmung ist im Allgemeinen objektiv: Wir sehen und hören meistens das, was eine Kamera sieht und festhält und das Gleiche gilt für die fünf anderen Sinne. Ich spreche vom alltäglichen Leben, ohne Ultraschall- oder Infrarotwellen zu berücksichtigen, die unsere Augen oder Ohren wahrnehmen oder auch nicht wahrnehmen, und ohne auf mögliche Pathologien einzugehen. Dann folgt die Vorstellung: Es handelt sich um einen Sessel, um ein Telefonklingeln, um einen Gasgeruch usw., oder um komplexere Situationen mit möglichen Folgen von größerer oder kleinerer Tragweite. Aber manchmal ist die Wahrnehmung selbst schon fehlerhaft: Wir sind sicher und völlig überzeugt davon, dass wir etwas gesehen oder gehört haben, was gar nicht da war. Manchmal erkennen wir unseren Irrtum im weiteren Verlauf der Erfahrung oder es gelingt unseren Mitmenschen, uns auf unseren Irrtum hinzuweisen, manchmal bleibt unsere falsche Überzeugung aber auch erhalten. Ein besonders berühmtes Beispiel ist das Stück Seil, das auf einem Feld liegenblieb und das wir in der Abenddämmerung in Wahrheit für eine Schlange halten, jedenfalls in Indien. Das alles ist leicht zu erklären und einfach zu verstehen, aber die Existenz mit ihren Ängsten, ihren Nöten, ihren Leiden – oder auch ihren euphorischen Momenten – macht die Wirklichkeit des Augenblicks viel komplexer und verwirrender und verlangt von euch eine außerordentliche Qualität der Aufmerksamkeit, um klar zu sehen, worum es sich handelt. Versucht trotzdem, nicht nur zu beobachten, wie die anderen um euch herum funktionieren, sondern wie ihr selbst funktioniert.

Wenn die Wahrnehmung meistens auch objektiv ist oder relativ objektiv und allgemein geteilt wird, wird die Vorstellung mehr oder weniger subjektiv sein und individuellen Interpretationen unterliegen. Ein Eingeborener, der die moderne Welt überhaupt nicht kennt – wenn es einen solchen überhaupt noch gibt – wird eine Operation, der er beiwohnt, für eine Foltermethode halten, für ein Opferritual oder einfach für einen Mordversuch. Ein so ungewöhnliches Beispiel soll euch aber nicht von euren eigenen Beobachtungen innerhalb eures persönlichen Lebens ablenken.

Nach der Wahrnehmung und der Vorstellung (in Sanskrit *rupa,* die Form, und *nama,* der Name, oder aber „die Welt der *nama rupa*") kommt die Beurteilung: das ist gut oder das ist schlecht – und alle Variationen:

schön oder hässlich, sicher oder bedrohlich, edel oder unwürdig, lobenswert oder verdammenswert usw. Mit der Beurteilung betreten wir den Bereich der verschiedensten und widersprüchlichsten Meinungen und Bewertungen, den Bereich, in dem jeder in *seiner* Welt lebt und nicht mehr in der Welt. Um auf ein Beispiel aus der Quelle zeitgenössischer Auseinandersetzungen zurückzugreifen: Die Wahrnehmung sieht einen Arzt, der bei einer Patientin einen Eingriff vornimmt; die Vorstellung präzisiert, dass es sich um eine Abtreibung handelt (ich benenne, *nama*, was ich sehe, *rupa*), und die Beurteilung wird völlig verschieden ausfallen, je nachdem ob der Beobachter ein fortschrittlicher Atheist ist oder ein überzeugter Katholik, von der unterschiedlichen Sensibilität, je nachdem, ob der Zeuge ein Mann oder eine Frau ist, ganz zu schweigen.

Aus der Beurteilung entspringt der Antrieb zum Handeln, zur Einwirkung auf die Umstände mit allen möglichen widersprüchlichen Unterschieden entsprechend dem emotionalen Hintergrund der jeweils Beteiligten. Diese Neigung oder diese Absicht (*sankalpa)* wird in die Tat umgesetzt oder auch nicht, je nachdem ob die äußeren Umstände günstig oder ungünstig sind und je nach dem Grad der inneren Einheit oder Gespaltenheit des Subjekts – das heißt, eurer inneren Einheit oder Gespaltenheit.

Dieser Mechanismus aus Wahrnehmung, Vorstellung, Beurteilung, Absicht und Handlung (oder auch Nicht-Handlung, die passive Form des Handelns) ist in jedem Augenblick unaufhörlich am Werk, in verschiedenen Abstufungen, bei jedem von uns, bei jedem von euch. Durch ihn sind wir glücklich oder unglücklich. Nur wird er mehr oder weniger bewusst und deutlich erlebt, wird er mehr oder weniger durch Wachsamkeit, durch innere Präsenz und Bewusstheit seiner selbst erhellt, hier und jetzt – und welche ähnlichen Begriffe sonst noch dafür verwendet werden.

Um noch einmal zu rekapitulieren, worum es eigentlich geht – und was euch alle, möchte ich betonen, jederzeit betrifft – ziehe ich ein bestimmtes Beispiel heran, das in der Welt der Psychologie und der Psychotherapien geläufig ist: das Beispiel des kleinen Kindes, das die Eltern beim Liebesakt überrascht. Es hat die gleiche Wahrnehmung wie ein Kameramann, der einen erotischen Film dreht: Papa und Mama sind eng umschlungen, Papa liegt auf Mama und bewegt sich heftig auf und ab, Mama stöhnt und dann folgt ein langer Schrei. Es hat aber sicherlich nicht die Vorstellung: meine Eltern haben das Glück, sich sexuell sehr gut zu verstehen, sondern: Papa fügt Mama ein Leid zu, er tut ihr weh. Die Beurteilung ist natürlich: das ist schlecht. Die Beurteilung eines Psychotherapeuten, der dieselbe Szene an Stelle des Kindes beobachtet und dessen tägliches Brot sexuell frustrierte Paare sind, wäre hingegen ganz anders, er würde darin etwas absolut Gutes sehen!

Im Kind wird also folgender Antrieb entstehen: „Ich muss Mama vor Papa beschützen“, und wahrscheinlich wird es nur durch Angst vom Handeln abgehalten werden.

Die Handlung wird schließlich vielleicht eher in der Flucht bestehen. Um den seelischen Schock des Kindes zu wissen und uns zu fragen, welche Therapie diesen Schock heilen könnte, ist im Moment nicht unser Anliegen. Aber ihr habt hier eine anschauliche Beschreibung des Mechanismus, der unser Leben beherrscht, und einen Schlüssel, um den wesentlichen Unterschied besser zu verstehen, den Swami Prajnanpad zwischen einer mechanischen Reaktion und einer bewussten Handlung als angemessene Antwort auf die Anforderung einer bestimmten Situation macht.

Aber so bekannt dieses Beispiel einer Fehlinterpretation auch sein mag, hat es doch den Nachteil, dass seine Derbheit euch vielleicht zunächst abstößt, aber vor allem, dass es meilenweit von der Realität eures Alltagslebens entfernt zu sein scheint. Nun spielt aber diese falsche Vorstellung und Beurteilung in unserer persönlichen Geschichte eine viel schwerwiegendere Rolle, als wir zugeben möchten. Es gibt nur Situationen, es ist unser Geist, der Probleme daraus macht. Aus etwas Gutem entspringt etwas Schlechtes, aus etwas Schlechtem resultiert etwas Gutes, aber wir haben daraus zu schnell Schlüsse gezogen, wir haben uns zu früh Sorgen gemacht oder uns zu früh gefreut. Nur eine unaufhörliche objektive Beobachtung eurer ureigenen Funktionsweise wird euch diesbezüglich eigene Gewissheit verschaffen und der schockierenden Aussage von Swami Prajnanpad „Niemand lebt in der Welt, jeder lebt in *seiner* Welt.“ einen für euch überzeugenden Inhalt geben.

Ich habe schon oft die hinduistische Aussage zitiert: „Ich kann an allem zweifeln, nur nicht an dem, der zweifelt.“ Sie hat mir einmal ganz konkret geholfen. Es zeigt sich, dass sie erstaunlicherweise Ähnlichkeit mit einem der berühmtesten Aussprüche der abendländischen Kultur hat: mit dem Satz *„cogito ergo sum“* von Descartes: „Ich denke, also bin ich.“ Descartes schreibt, dass er die Existenz all dessen, was ihn umgibt, und was er um sich herum sieht, anzweifeln kann, aber nicht die Tatsache, dass *er* denkt, *er* zweifelt. Um zu denken, dass er an allem zweifeln kann, braucht es einen Denker. Das ist so, weil ich denke, dass ich weiß, dass „ich bin“. Nun ist aber die hinduistische Ausdrucksweise „derjenige, der zweifelt“ (oder diejenige, die zweifelt) und nicht „derjenige, der denkt, dass er zweifelt“. Das ist die Übersetzung, aber es würde dem Geist des Vedanta noch mehr entsprechen, wenn man das Neutrum benutzte: dasjenige, was zweifelt.

Diese Details sind nicht unnötig, denn sie weisen auf ein Thema hin, das wichtig ist für die Selbsterkenntnis: auf die Beziehung zwischen dem Denker und den Gedanken. Es gibt nur dann einen Denker, wenn er denkt, und das Denken ist eine Flut, eine unaufhörlich wechselnde Abfolge von Gedanken. Der Denker selbst ist also keineswegs ein beständiges „Ich bin“. Aber dieser Strom, dieses Ineinandergreifen von Gedanken, wird von einem unveränderlichen Bewusstsein getragen. Und hier ergibt sich für deutsche Leser die Schwierigkeit, sich zwischen den unterschiedlichen Bedeutungen zurechtzufinden, die dem Begriff „Bewusstsein“ gegeben werden. Dieser Begriff hat nicht dieselbe Bedeutung in den Übersetzungen aus der buddhistischen oder der vedischen Literatur, die heute in unserer Sprache zugänglich sind, ganz abgesehen von seiner Bedeutung im Vokabular von Philosophie und Psychologie. Ich halte mich an den Sanskritbegriff *chit*, der die grundlegende Wirklichkeit beschreibt (und der nicht mit *chitta* verwechselt werden darf, dem Geist, der Erinnerung und Unterbewusstsein enthält). *Chit* an sich hat weder etwas mit Zeit noch mit Raum zu tun, weder mit dem Spiel von Ursache und Wirkung, noch mit irgendeinem Maß und einer x-beliebigen Maßeinheit, und ebenso wenig mit Anziehung und Abstoßung. Es handelt sich um dieses überpersönliche Bewusstsein, das sich „in dem Intervall zwischen zwei Gedanken“ erahnen lässt, auf den sowohl Yoga als auch Vedanta so beharrlich hingewiesen haben. Aus dieser Perspektive bedeutet „Ich denke“: „Ich bestehe nur aus Wandel, aus Unbeständigkeit ohne die geringste feste Einheit“. Die Wahrheit lautet also: „Ich denke, also bin ich nicht“. Das ist *asat*, das „Nicht-Reale“. *Asato ma sat gamaya, „aus der Unwirklichkeit führe mich in die Wirklichkeit*“, lass mich den unwandelbaren und unveränderlichen Atman erkennen. Natürlich können diese Überlegungen spekulativ und weit weg von euren Sorgen, euren Schwierigkeiten, euren „Problemen“ und euren Hoffnungen erscheinen. Und dennoch sind sie das Fundament dessen, was wir den *Weg* oder den Pfad zur Beendigung des Leidens nennen. Um es noch einmal deutlich zu machen: wenn ihr nicht genau wisst, mit welchem Inhalt ihr die Begriffe Bewusstsein, Seele, Geist, Gedanken, Verstand, ich, „Ich“, Ego, Empfindungen, Emotionen und Gefühle füllt, seid ihr im Hinblick auf die alltägliche Praxis und euren Fortschritt in der Situation eines Elektrikers, für den die Begriffe Watt, Ampère, Volt, Spannung usw. nur eine ungenaue, mehr oder weniger vage oder verschwommene Bedeutung haben.

Aber ihr könnt schon mal weiter erforschen, was der Begriff „Bewusstsein“ wirklich bedeutet. Wenn ihr – das heißt *euer physischer Körper* – zum Beispiel am Bahnhof von Valence steht, ist Paris auch schon real: Von einem Satelliten aus kann man beide Städte gleichzeitig sehen, ohne dass die Zeit sie trennt. Für diesen physischen Körper wird allerdings die Entfernung in Kilometern zu einer gelebten Erfahrung von Reisezeit (natürlich im Zug kürzer als zu Pferde, und vormals zu Pferde kürzer als zu Fuß). Ihr steigt in den Waggon, wo ihr einen Platz reserviert habt, der Schnellzug fährt los und ihr seht durch das Fenster die Landschaft an euch vorüberziehen, und zwar vier Mal so schnell wie aus dem Fenster der Dampflok meiner Jugend.

Die Wahrnehmung, dass der Schnellzug sich fortbewegt, ebenso wie die Wahrnehmung, dass euer Körper sich zum Speisewagen hinbewegt, um dort einen Kaffee zu trinken, geschieht nacheinander in eurem Bewusstseinsraum. Aber könnt ihr sagen, dass sich das „Bewusstsein“ als solches im Raum oder in der Zeit befindet? Es ist, und das ist alles, *sat* (das Sein) und *chit* (das Bewusstsein), unendlich und ewig. Die ganze Reise geschieht im Inneren des Bewusstseins, im Bewusstseinsraum. Das Bewusstsein bewegt sich nicht. Natürlich befindet sich der physische Körper immer an einem Punkt im Raum und einem Punkt in der Zeit, aber Zeit und Raum erscheinen in der Unendlichkeit des Bewusstseins. Nicht ihr seid es, im wörtlichen Sinn von „Ich" oder „Ich bin", die die Reise vollziehen, die Reise vollzieht sich in euch. Es handelt sich nicht um eine intellektuelle Spielerei, sondern um eine mögliche Erkenntnis, die für den Asketen, den Yogi erreichbar ist – und warum nicht auch für euch – und von der schon über 3000 Jahre bevor es Schnellzüge gab, Zeugnis abgelegt wurde. *Aber verwechselt nie „das Bewusstsein" mit dem „Bewussten" im Vergleich zum „Unbewussten"*.

Und vergesst nicht: als Einstein 1905 seine Entdeckungen veröffentlichte, die das Gesicht der Welt verändert haben, arbeitete er nicht in einem Labor, das mit hochentwickelten Instrumenten ausgestattet war und umgeben von renommierten Mitarbeitern: er war ganz einfach ein Büroangestellter, der nur das Gehirn eines Genies zur Verfügung hatte. Können wir also nicht annehmen, dass es vor 3 bis 4 tausend Jahren andere Geniegehirne gab, Rishis, wie man in Indien sagt, die für den gewöhnlichen Geist erstaunliche Wahrheiten entdeckten und vermittelten?

Dieses unendliche Bewusstsein wurde auf unterschiedliche Art und Weisen in verschiedenen Sprachen erwähnt, aber sie weisen alle auf die letztendliche Tiefe in uns selbst hin, auf den göttlichen oder metaphysischen Ursprung unseres individuellen Bewusstseins, das dem Leiden und der Angst unterworfen ist. Es ist die Unkenntnis dieser Wahrheit über uns selbst, oder über euch selbst, die der Grund für alle Frustrationen und alle Ängste ist. Die Ursache des Leidens auszumerzen, um das Leiden aus unseren Herzen zu vertreiben, erfordert, uns von dem Bewusstsein zu befreien, das auf das Ego und durch das Ego begrenzt ist.

2
Versklavung und Freiheit

Die Frage nach dem freien Willen wurde im Laufe der Jahrhunderte von allen Philosophen diskutiert, ohne dass es zu irgendeiner Übereinstimmung gekommen wäre. Und selbst die größten indischen Weisen scheinen sich zu widersprechen, wenn sie versichern, dass alles einzig und allein das Werk von Shakti (der göttlichen Energie) sei, aber gleichzeitig eine persönliche Übungspraxis empfehlen, die die individuelle Eigeninitiative ins Spiel bringt.

Es gibt einen relativen Lösungsansatz: Kann ich meine innere Freiheit vergrößern? Und es gibt einen radikalen Ansatz, der schwieriger zu verstehen ist, denn die Frage nach dem freien Willen stellen wir aus der Sicht des individuellen Egos – des Ichs und des nicht-Ichs – was ein fundamentaler Irrtum ist.

Arthur Osborne, ein englischer Schüler von Ramana Maharshi, der zu dessen Lebzeiten zehn Jahre im Ramana Ashram verbracht und mehrere Bücher geschrieben hat, benutzte ein Bild aus der Zeit der TSF (Télégraphie et Téléphonie Sans Fil), als ein Rundfunkgerät noch gewaltige Ausmaße hatte und im Inneren riesige Lampen enthielt. Stellen wir uns vor, sagte er, dass ein Angehöriger eines Eingeborenenstammes aus dem tiefsten Urwald, der noch nie mit Elektrizität in Berührung gekommen ist und nicht die geringste Vorstellung davon hat, was ein Rundfunkgerät sein könnte, eine Frauenstimme hört, die aus dieser überdimensionalen Kiste dringt. Dieser Mensch fragt vielleicht: „Entscheidet die Frau in der Kiste selbst, welche Lieder sie singen will?" – in diesem Fall hätte sie einen freien Willen – „ ... oder muss sie bestimmte Lieder singen?" Die Antwort ergibt sich aus einer anderen Perspektive: „Da ist keine Frau in der Kiste." Ihr seid nicht viel weiter fortgeschritten, aber dies ist ein Ausgangspunkt zum Nachdenken: Diese ganze Frage nach dem freien Willen stellt sich aufgrund der Überzeugungen des Egos – Ich, alles was ich bin, alles was ich nicht bin, meine Vergangenheit, meine Zukunft, meine Beziehungen zu anderen – und diese Identifikation mit dem Ego ist eine Illusion, aus der man erwachen kann. Das ist die letztendliche Antwort.

Es ist wahr, dass wir in dem Maße, wie wir uns verändern, weder uns selbst noch die Wirklichkeit um uns herum auf dieselbe Weise sehen wie zuvor. Wir gelangen zu der Überzeugung, dass sich alles ständig ändert, und manchmal sogar tiefgreifend ändert: Ich; der andere; das, was ich will; das, was ich ablehne; das, was mir dient; das, was ungünstig für mich ist; die Art und Weise, wie ich die Welt um mich herum wahrnehme; der Lauf der Dinge. Wenn wir zu erwachen beginnen, erscheint die Frage nach Bestimmung oder freiem Willen nicht mehr auf dieselbe Art und Weise, aber man kann sich diese Veränderung vorher nicht vorstellen. Sie vollzieht sich nach und nach, von Erkenntnis zu Erkenntnis. Natürlich wird ein Weiser – ob tibetischer, buddhistischer oder hinduistischer Herkunft – noch immer sagen: „Heute ist es ein bisschen kalt und das Wetter ist regnerisch.“ Wenn ich euch versichere, dass eure Sichtweise sich vollkommen verändern wird, heißt das nicht, dass ihr die Sonne seht, wenn es regnet oder umgekehrt. Ramana Maharshi, ein Weiser, der fast einhellig als ein Erwachter von höchstem Rang angesehen wird, kannte die Menschen sehr gut. Er nannte sie beim Namen und fragte vielleicht: „Hat dein Sohn die Prüfung bestanden?“ oder „Hat der Kleine seinen Schnupfen überwunden?“ Dieser ganz einfache menschliche Aspekt Ramana Maharshis erscheint weder in den *Gesprächen* Bhagavans, noch in vielem, was über ihn geschrieben wurde, aber mehrere von denen, die in seiner Nähe lebten, wie etwa Arthur Osborne und seine Frau, haben mir oft davon berichtet. Wahrscheinlich kennt ihr den berühmten Zen-Spruch: Vor der Erleuchtung sind die Berge Berge und die Flüsse Flüsse; im Augenblick der Erleuchtung sind die Berge keine Berge mehr und die Flüsse sind keine Flüsse mehr; nach der Erleuchtung sind die Berge wieder Berge und die Flüsse wieder Flüsse. Wie könnt ihr das verstehen, wenn ihr die Erleuchtung, um die es geht, nicht erlebt habt? Und dennoch spürt ihr ihre Bedeutung. *Einheit ist nicht Einförmigkeit* und das Bewusstsein von „Eins-ohneein-Zweites“ verwischt nicht den Unterschied zwischen einer achtzehnjährigen Frau und einem siebzigjährigen Mann, aber unsere allgemeine Sicht von der relativen, wechselhaften, vielfältigen Wirklichkeit hat sich radikal geändert. Und durch diese Veränderung kann sich die Frage nach dem freien Willen nicht mehr auf dieselbe Weise stellen.

Wichtig in diesem Moment ist, zu deiner augenblicklichen Situation zurückzukehren: Wo ist meine Freiheit? Gurdjieff sagte zu diesem Thema: „Der Mensch ist eine Maschine, die von den äußeren Umständen angetrieben wird“ wie von einem Antrieb, der ein Rad dreht, und Swamiji sprach von „einer Marionette, deren Fäden von der Existenz bewegt werden“. Bevor man gleich die allerhöchste Perspektive ins Auge fasst, stellt sich die Frage nach dem freien Willen erst einmal aus der Sicht des Egos. Immer wieder zu lesen, dass das Ego eine Illusion ist, verwandelt euch nicht wie durch Zauberhand, aber es ermöglicht euch immerhin, euch für diesen von Gurdjieff oder Swamiji (und noch vielen anderen) geäußerten Gedanken zu öffnen: *Worin zeigt sich heute, dass ich nicht, wie ich glaube, frei bin, sondern bloß eine automatisch reagierende Marionette oder Maschine?* Entweder ist diese Aussage wahr oder sie ist es nicht. Dies lässt sich ganz konkret feststellen: Ihr könnt sofort damit beginnen, vermehrt Beobachtungen anzustellen, die Teil der berühmten Selbsterkenntnis sind. Um etwas, was auch immer es sei, kennenzulernen, muss man es studieren. Man studiert die ägyptische Kultur der Pharaonen und man studiert Molekularbiologie, und ihr könnt euch selbst studieren, um etwas darüber herauszufinden, wer ihr wirklich seid: Was nenne ich von morgens bis abends „Ich", wo ist meine Freiheit zu Ende und worin besteht meine Nicht-Freiheit? Swamiji versicherte: „It is the status of a slave – es ist der Zustand eines Sklaven." Worin besteht mein Sklavesein? Ich habe es oft gesagt, man bietet die Befreiung als höchstes Ziel nicht Menschen an, die schon frei sind. Daher ist Befreiung das Ziel des Pfades, des spirituellen Weges, mit den Mühen, die wir auf uns nehmen und den Etappen, die wir zurücklegen müssen.

Der Weise wird in Indien *jivan mukta* genannt, was bedeutet ein *in diesem Leben Befreiter.* Wem bietet man also die Befreiung an? Kriegsgefangenen in einem Militärlager, Häftlingen in einer Strafanstalt oder früher eben Sklaven, die befreit werden konnten. Worin, und von wem oder was bin ich innerlich ein Sklave? Wem oder was gehorche ich? In welchem Zusammenhang, in dem das Wort Befreiung tatsächlich Sinn für euch machen würde, seid ihr Sklaven? Diese ernstzunehmenden Fragen sind offenbar grundsätzlich an das Thema von Freiheit und Vorherbestimmung gebunden. Praktisch alle Menschen, die sich für östlich geprägte Spiritualität interessieren, werden von dem Wort „Befreiung" berührt. Uns wird Befreiung angeboten und wir sind uns noch nicht mal im Klaren darüber, worin die Versklavung oder Gefangenschaft bestehen könnte, von der wir uns befreien sollen. Das wird andererseits sofort deutlich, wenn wir uns nach der inneren Freiheit sehnen und uns fragen, was unsere Freiheit und unsere Nicht-Freiheit ausmacht. Ebenso stellt sich die Frage, welchen Sinn wir dem Wort „Erwachen“ geben und entsprechend dem Wort „Schlaf“? Ich verhalte mich normal, ich gründe eine Familie, ich erledige pflichtbewusst meine Arbeit. Worin, auf welche Weise, verläuft eure Existenz in Lebensumständen, in einem Bewusstseinszustand, den wir zu Recht als Schlaf bezeichnen können?

Im Evangelium steht geschrieben: „Ihr werdet die Wahrheit erkennen und die Wahrheit wird euch frei machen.“ Ein Christ könnte vielleicht nur verstehen: Die Wahrheit besteht darin, dass Gott eine Dreieinigkeit ist, also kann kein einziger Mystiker oder muslimischer Heiliger, der das Dogma der Trinität nicht anerkennt, befreit werden. Nein, die Wahrheit ist die Wahrheit, das ist alles; sie ist kein Dogma, an das ihr glauben müsst.

Nebenbei bemerkt ist es sehr interessant, dass das Wort „Wahrheit“, die Wahrheit, die uns frei macht, wenn man dem Evangelium Glauben schenkt, die Übersetzung des griechischen Wortes *aletheia* ist. *Lethe* bedeutet Schlaf und Vergessen, Lethargie (erinnert euch an den Fluss *Lethe*, dessen Überquerung die Seelen der Toten ihre frühere Existenz vergessen lässt.) In jeder beliebigen Mythologie bezieht das griechische Wort *lethe* die Vorstellung von Schlaf und Vergessen mit ein. Und der Buchstabe *a* ist eine Verneinung. Das Wort, das mit „Wahrheit“ übersetzt wird, bedeutet also aus etymologischer Sicht „Nicht-Schlaf und Nicht-Vergessen“. „Gott ist GEIST:

jene, die ihn lieben, lieben ihn im GEIST und in der Wahrheit“, das heißt also in Nicht-Schlaf und Nicht-Vergessen, sagte Jesus zur Samariterin. Das macht es für euch ganz deutlich und kommt dem ziemlich nahe, was ein hinduistischer Meister oder ein tibetischer Rinpoche sagen würde.

In meiner Jugend konzentrierte sich meine Praxis lange Zeit auf die Lehren Gurdjieffs, wenigstens auf jene, die ich prüfen konnte, und diese Überprüfung bekräftigte mein Vertrauen. Gurdjieff lehrte: „Man tut nichts, alles geschieht.“ Ich kann nicht sagen „ich will“, sondern ich muss sagen „in mir will es“. Ich kann nicht sagen „ich spreche“, sondern ich muss sagen „in mir spricht es“. Diesbezüglich habe ich später einen Brief von Swamiji erhalten, der mir schrieb, „das *it speaks* von Gurdjieff – es spricht – *is a very happy expression*“ – ist ein sehr glücklicher Ausdruck – vorausgesetzt, dass ihr aus dem *it* keine „unverrückbare, feststehende Einheit“, keinen bloßen Mechanismus macht. Habt ihr Hinweise, die euch derartige Aussagen ernst nehmen lassen? Und nehmt ihr eine Lehre ernst, die von Befreiung spricht, wenn ihr nicht zuvor überzeugt seid, dass eure Handlungen vollkommen mechanisch und unfrei sind? „Ich habe aus freien Stücken telefoniert“ – „Ich habe mich aus freien Stücken dazu entschieden, dieser Frau den Hof zu machen und nicht jener anderen.“ Ja – oder nein?

„Ihr werdet die Wahrheit erkennen und die Wahrheit wird euch frei machen“: Dieser Satz weist darauf hin, dass ich im Moment nicht frei bin. Aber wir machen uns

Illusionen über die Freiheit: ich entscheide, ich mache, mal habe ich Erfolg, mal Misserfolg, aber ich bin derjenige, der so handelt, wie er es für richtig hält. Damit ihr eure Nicht-Freiheit ganz klar erkennen könnt, müssen wir zu einem grundlegenden Thema zurückkehren, nämlich dazu, mit welcher Macht ein äußeres Ereignis, ob ihr wollt oder nicht, eine emotionale und mentale Reaktion in euch hervorrufen kann. In dieser Hinsicht müssen wir uns beugen: nicht ich entscheide. Wenn ich die Entscheidung träfe, würde ich es mir ein für alle Mal im Frieden gemütlich machen, in der Abwesenheit von Angst, in Gelassenheit und Freude, in der Offenheit des Herzens und der Liebe. Ich entscheide mich, glücklich zu sein, also bin ich glücklich. Ich möchte, dass mein Herz voller Frieden ist, also ist mein Herz voller Frieden. Ich möchte keine Angst haben, also richte ich mich in der Nicht-Angst ein und bewege mich nicht mehr weg von dort. Wir müssen die Wirkung anerkennen, die der Lebensfluss und die Ereignisse auf uns ausüben, die inmitten der gegenseitigen Abhängigkeit aller Phänomene wie Früchte einer Kette von Ursache und Wirkung geschehen. Ein Ereignis zwingt euch zu einer gefühlsmäßigen Reaktion: z.B. Besorgnis. Ein anderes provoziert eine Reaktion in Form eines Wunsches: Du hast dich nicht entschieden, diesen Wunsch zu haben, das Leben zwingt ihn dir auf. Wenn du dieses Kleid nicht in jenem Schaufenster gesehen hättest, hättest du auch nicht den Wunsch, es zu kaufen, obwohl es doch sehr teuer ist. Wie kommt es, dass ein bestimmter Gedanke eher in deinem Gehirn auftaucht als ein anderer? Es ist immer das Ergebnis einer Kombination aus Bedingungen und Umständen. Wie viele Gedanken haben sich die Menschen des 17. Jahrhunderts über Computer gemacht? Keinen einzigen! Umgekehrt stellt sich die Frage, wie viele Gedanken die heutigen Menschen sich über Stallungen für Pferde, Haferreserven und Hufschmiede machen.

Du wählst nicht den Gedanken aus, der in deinem Gehirn auftaucht, das Leben selbst drängt ihn dir verbunden mit einer bestimmten emotionalen Färbung auf. Ein Geschehen löst in dir eine Reaktion aus. Und genau da ist dein Ausweg. Wenn Swamiji sagt: *it is the status of a slave,* tut er es deshalb, weil ich weder die Gefühle noch die Gedanken auswähle, die sich in meinem Gehirn zeigen. Irgendetwas lässt in dir einen Wunsch entstehen, in einem anderen jedoch nicht. Bleibst du freiwillig vor einem Schaufenster stehen und vor einem anderen nicht? Es ist einzig und allein das Spiel einer Verkettung von Ursachen und Wirkungen. Ihr könnt es so betrachten, dass ihr tut was ihr wollt, aber ihr könnt nicht wollen, was ihr wollt. Am offensichtlichsten und völlig indiskutabel ist, dass das Leben uns unsere Gemütsverfassung und unsere Launen aufzwängt. Heute habe ich keine Freiheit. Das Leben befiehlt mir: Sei begeistert, und ich muss begeistert sein. Das Leben fordert: Sei verzweifelt, und ich muss verzweifelt sein. Das Leben ordnet eure Gemütsverfassung an, ebenso wie den dazugehörigen Geisteszustand und befiehlt euch, eure Gedanken in eine bestimmte Richtung zu lenken. Zu Beginn des Weges können wir nicht eingreifen. Wir sind mit unserer Reaktion identifiziert, wir werden von ihr überwältigt, mitgerissen. Es kann uns zur Verzweiflung bringen, so viel Angst zu haben, aber wir können es nicht ändern – was manche Leute zum Trinken veranlasst, weil man nach dem sechsten Pastis einfach weniger leidet.

Nicht die Frage nach dem freien Willen muss gestellt werden, sondern die Frage nach der Unfreiheit. Was zeigt euch, dass ihr auf dieser emotionalen und mentalen Stufe keinerlei Freiheit habt? Ihr wünscht euch etwas, aber ihr habt nicht die Entscheidung getroffen, euch etwas zu wünschen. Alles ergibt sich aus dem Spiel von Aktion und Reaktion. Je bewusster und aufmerksamer wir sind, desto mehr beobachten wir – das möchte ich ausdrücklich betonen – wie sehr der Lauf des Lebens, der Situationen, der Begegnungen unserer inneren Verfassung Veränderungen aufzwingt. Wo ist auf dieser Stufe also unsere wahre Freiheit? Nach und nach wird euch klar: Ich habe das nicht entschieden, es ist einfach so passiert, weil ich irgendetwas gesehen habe oder weil man irgendetwas zu mir gesagt hat, das bestimmte Tendenzen in mir berührt hat. Ein Satz, der jemanden völlig aus der Fassung bringt, regt jemand anderen gar nicht auf und umgekehrt. Etwas, das dem einen gefällt, gefällt dem anderen überhaupt nicht. Eine Information, die dem einen wie eine großartige Nachricht erscheint, kommt einem anderen ganz unbedeutend vor.

Ihr seid nicht wirklich gleich davon überzeugt, dass eure Handlungen nicht frei sind. Inwiefern ist es keine freie Entscheidung, dass ich mir lieber den einen Film anschaue als den anderen? *Aber nur ein paar Tage ehrlicher Beobachtung genügen, um zu erkennen, dass eure Gemütsverfassungen euch aufgezwungen werden.* Du beschließt, gute Laune zu haben, sie wird nicht bleiben. Du beschließt, dich nicht mehr über deinen großen Sohn aufzuregen, aber du tust es doch. Du beschließt, dass du keine Lust mehr auf etwas hast, aber der Wunsch danach kehrt zurück. Die Gedanken erscheinen in deinem Gehirn, ohne dich vorher um Erlaubnis zu fragen.

Wenn nicht eine große innere Präsenz und eine große Wachsamkeit im Fluss des Lebens das verhindert, kommt ihr vielleicht zu einem Schluss, der sich als vollkommene Illusion erweist: *Ich* mache, *ich* habe beschlossen, *ich* bin der Meister, der Autor, der Schöpfer meines Lebens. Nur aufmerksame Beobachtung und ehrliche Besinnung werden euch dazu veranlassen, eure Nicht-Freiheit einzugestehen. Aber ihr habt auch die Möglichkeit, diese Situation zu ändern, die Möglichkeit, einen Prozess der Befreiung, der sich durch eure innere Transformation vollzieht, in Gang zu setzen. Nach und nach werdet ihr erkennen können, ob eure Handlungen frei sind oder nicht. Beobachtet zunächst die Veränderungen eurer Gemütsverfassung, eurer Ängste, die Veränderungen dessen, was ihr euch wünscht und was ihr ablehnt, die Veränderung der Mechanismen, die bestimmen, was ihr anziehend und was ihr abstoßend findet, und wo ihr in diesen Bereichen frei oder unfrei seid. Wenn wir uns nicht beobachten, wenn wir im Tageslauf nicht in uns und für uns selbst anwesend sind wie in bestimmten Momenten der Verinnerlichung bei irgendeiner Form von Meditation, wird unser ganzes Leben nur eine Reihe von automatischen Reaktionen gewesen sein. Nur mit äußerster Wachsamkeit könnt ihr der Freiheit näher kommen, die die erste Etappe auf dem Weg zur Befreiung darstellt.

Da ist noch eine Frage, auf die verschiedene Schulen unterschiedliche Antworten gegeben haben: Wie kommt es, dass manche Menschen sich auf den Weg zur Befreiung machen und dass andere überhaupt kein Interesse daran haben? Geschieht das aus freiem Willen oder ist es Bestimmung? Weshalb werden manche Menschen Heilige und andere Verbrecher? Calvin, der zusammen mit Luther die Reformation begründet hat, vertrat die Lehre der Vorherbestimmung. Mit anderen Worten: Man ist schon bei der Geburt errettet oder verdammt. Heute hat wohl so gut wie jeder von Jesus, von Buddha, von den Weisen Indiens oder des antiken Griechenlands gehört. Wie kommt es, dass plötzlich bei jemandem die Absicht entsteht, den Weg der Befreiung oder des Erwachens zu gehen?

Mögen sie nun mehr oder weniger erfolgreich sein oder scheitern, aber zu behaupten, dass die Menschen wie Maschinen, wie Marionetten funktionieren, ist gelinde gesagt schockierend! Das heißt also, dass Napoleon eine Marionette war, deren Fäden von der Existenz bewegt wurden. Er hat keine glorreichen Siege errungen, bei denen viele Soldaten seiner eigenen und der feindlichen Armee umgekommen sind. Das ist einzig durch eine Reihe von sich gegenseitig bedingenden Wechselwirkungen und allgemeinen Gesetzmäßigkeiten geschehen. Seine Geschichte ist sicherlich ziemlich ungewöhnlich: Ein kleiner Korse wird Kaiser und herrscht einige Jahre lang über ganz Europa. War Napoleon also nur eine automatisch reagierende Maschine? *Aber es wird doch nicht automatisch jemand ein Heiliger oder ein Weiser.* Kräfte einer anderen Ebene greifen ein. Die Befreiung oder die Freiheit oder wenigstens eine gewisse Freiheit erlangen wir durch unsere Praxis. Wenn ihr ganz bestimmte Anstrengungen unternommen und verwirklicht habt, um mit dieser anderen bewussteren und feineren Seinsebene in euch in Verbindung zu treten, könnt ihr nach und nach eine grundlegende Freiheit in Bezug auf euer inneres Erleben gewinnen. Was für ein Mechanismus zwingt euch zu leiden, wenn ein Wunsch, der sich euch aufdrängt, nicht erfüllt werden kann? Wie ist es umgekehrt möglich, dass eine Zukunftsaussicht, die euch unabwendbar und schrecklich erscheint, die Macht hat, euch zu peinigen. Wir projizieren in die Zukunft: Im einen Fall wird es furchtbar sein, im anderen wunderbar. Es geht darum, auf der inneren Ebene der Gefühle, wo das ganze Programm von Wunsch und Ablehnung, Anziehung und Abstoßung – die große fundamentale Dualität – läuft, frei zu sein, frei von der Manipulation durch das Äußere. Das Stück

Eisen, das vom Magneten angezogen wird, ist nicht frei, also macht es sich vor: „Ach, ich habe mich in den Magneten verliebt!" Wie jetzt? Du hast dich in den Magneten verliebt? Der Magnet war der Stärkere und deshalb hat die Nadel sich an den Magneten geheftet. Das ganze Wunsch-Programm ist Sklaverei. Das lässt sich eindeutig nachweisen. Ein Wunsch drängt sich dir auf, aber du entscheidest nicht aus freiem Willen, dir etwas zu wünschen, was du dir einen Moment zuvor noch nicht gewünscht hast.

Eure Freiheit ist also zunächst eine Freiheit in Bezug auf die Gefühle, die die Macht der Ereignisse eures Lebens in euch heraufbeschwört oder anders ausgedrückt, die sie euch zu fühlen zwingt. Sicher seid ihr völlig damit einverstanden, schmerzhafte Gefühle und Ängste loszuwerden. Es ist nur so: Wenn ihr von schmerzhaften, quälenden und zerstörerischen Gefühlen frei sein wollt, müsst ihr auch von der anderen Seite, von den glücklichen Gefühlen, frei sein. Kritik verletzt euch nur dann nicht mehr, wenn ein Kompliment nicht mehr die Macht hat, euch zu verführen. Ebenso sehr wie ein schmeichelhaftes Wort euch beglückt, wird eine verletzende Äußerung euch zwangsläufig schmerzen. Ein Kompliment versetzt euch in einen inneren Zustand, den ihr nicht absichtlich erzeugt habt, aber der Gedanken hervorbringt, die in eine bestimmte Richtung weisen und eure Reaktion bestimmen. Daraus folgt: Wenn ihr ganz damit einverstanden seid, schmerzhafte Gefühle wie Traurigkeit, Unruhe, Sorgen oder einfach Ärgernisse und Beschwerden loszuwerden, müsst ihr auch frei von den momentanen Glücksgefühlen werden, die nichts mit dem wirklichen Glück zu tun haben, das die spirituellen Lehren versprechen. Das Leben darf euch innerlich nicht mehr verändern wie ein Kaleidoskop: Ein kleines Schütteln und schon hat sich das Bild völlig verwandelt.

Jetzt lasst uns in Bezug auf das Thema Freiheit und Vorherbestimmung noch einen Schritt weiter gehen. Versucht den Mechanismus von Anziehung und Abstoßung zu verstehen. In der Physik nennt man das Magnetismus. Das Stück Eisen hat keine Möglichkeit, der Anziehung des Magneten zu entkommen. Das ist Sklaverei. Könnt ihr beginnen, Wünsche und Abneigungen als Sklaverei zu betrachten? Könnt ihr euch vorstellen, frei zu sein von dem, was man Anziehung und Abstoßung oder Wunsch und Ablehnung nennt, von diesen Mechanismen, durch die ihr zunächst nicht mehr Freiheit habt als Eisenspäne? Ihr könnt diese Freiheit gewinnen. Aber ihr müsst verstehen, dass alles zusammenhängt und wenn ihr wirklich frei sein wollt, dann müsst ihr genauso frei von Wünschen wie von Abneigungen sein, genauso frei von Anziehung wie von Abstoßung, und äußere Umstände dürfen nicht mehr die Macht haben, euch zu einem Wunsch zu zwingen, ohne dass ihr das entschieden hättet ...Woran erkennt ihr, dass ihr heute noch Sklaven seid? Es gibt anerkannte, erprobte und seit Jahrhunderten geprüfte Methoden, die euch erlauben würden, wirklich frei zu sein. Ihr werdet in euch eine Veränderung erleben. Das Gefühl eines individualisierten, unvollständigen, frustrierten Ichs wird sich auflösen. Wünsche werden eine immer weniger zwingende Rolle in eurem Leben spielen. Immer freier von Wünschen zu sein, bedeutet auch, immer freier vom Gegenteil zu sein, nämlich von Ablehnung, von Zorn, von Angst, von allen Formen der Nicht-Liebe. Ihr spürt, dass die Egozentrik, die unserem normalen Bewusstseinszustand entspricht, zunehmend in Frage gestellt wird. Und nach und nach versteht ihr vielleicht diese seltsame Antwort auf die Frage: Ist die Frau frei? Nämlich: Da ist keine Frau in der Kiste.

Ich habe zu Beginn festgestellt, dass wir die Frage nach dem freien Willen von der Bewusstseinsstufe eines sogenannten Egos aus stellen – das heißt, vom Gefühl des Getrenntseins, das die Anziehung und Abstoßung in Bezug auf das Nicht-Ich verursacht – und nicht vom Bewusstsein einer ganz anderen Ordnung aus. Wir gehen von einer festzustellenden und zu bestätigenden Nicht-Freiheit und Versklavung aus. Wir sehnen uns nach Befreiung oder Freiheit. Wir erkennen, dass wir so lange, wie *ich* frei sein will, wie *ich* frei sein will was Ereignisse, Situationen und Umstände angeht, auf die Dualität stoßen: Ich und der andere, günstig oder ungünstig, beruhigend oder bedrohlich. Und wenn dieser Mechanismus, der unser Leben bestimmt, sich nach und nach auflöste, würde sich gleichzeitig auch das Ich-Bewusstsein auflösen. Dann würden wir die Realität so wahrnehmen wie sie ist, dann wären es nicht mehr unsere Mängel, unsere Enttäuschungen, unsere mechanischen Vorlieben, die uns leiteten, sondern die Situation insgesamt und die angemessene Reaktion darauf.

Was in uns ergreift die Initiative zum Handeln? Unsere Wünsche, unsere Abneigungen – *Ich* möchte, *ich* möchte nicht, das will *ich* vermeiden, das will *ich* haben. Wenn sich das Ego auflöst, dann ist es nicht mehr das *Ich*, das will oder nicht will. *Unser Leben nimmt viel umfassender am Gesamtgeschehen teil* wie der Musiker eines Orchesters, der die richtige Note im richtigen Moment spielt. Dann haben wir keine andere Freiheit mehr, als die richtige Antwort auf eine Situation zu geben, die dann nicht mehr eine Antwort des Egos ist, sondern auf einer ganz anderen Ebene stattfindet. Daher Swami Prajnanpads erstaunliche Formulierung: „*Complete slavery is perfect freedom* – totale Sklaverei ist vollkommene Freiheit." Das ist Augenblick für Augenblick die innere Freiheit des Schauspielers auf der Bühne, der ein totaler Sklave des Textes und der Inszenierung ist. Welche Beruhigung, wenn ich spüre: Das hier ist es, was getan werden muss, das hier ist die Antwort auf die Situation, „*the justice of the situation*", so nannte es Swami Prajnanpad, der Wille Gottes, würde ein Christ oder ein Moslem sagen.

Zu Beginn des Weges sind wir Sklaven unseres persönlichen angezogen und abgestoßen Werdens, unserer

Wünsche und unserer Abneigungen. Im Verlauf des Weges erlangen wir mehr Freiheit. Das Leben schreibt dir nicht mehr vor: Sei unglücklich, sei wütend oder wenn du schon wütend bist, lässt du dich wenigstens nicht mehr von der Wut mitreißen und bringst die nötige Wachsamkeit auf, dank der die Wut verfliegt. Durch euer Üben entstehen veränderte Kreisläufe im Gehirn und die gleichen Situationen rufen nicht mehr die gleichen Reaktionen hervor. Nach und nach werdet ihr, in dem Maße wie das Gefühl, ein Ich zu sein, sich auflöst, immer freier von Ängsten und Wünschen und eure Handlungen entspringen dann einer anderen Ebene in euch: einfach, einheitlich, friedlich, spontan. Von diesem Gesichtspunkt aus besteht die Freiheit, die letztendliche Freiheit, aus der Harmonie mit der Gesamtheit der Wirklichkeit, Augenblick für Augenblick.

Das nennen die Hindus in einem ganz bestimmten Sinne: *spontaneity* oder *spontaneous action*. Der Beweis zeigt sich im Relativen. Im Relativen drängt sich uns eine Handlung auf: Das ist jetzt das richtige Handeln. Die richtige Handlung zieht niemals Bedauern nach sich, was auch immer die Konsequenzen sein mögen. Außerdem nimmt das Leben sowieso seinen Lauf und das Ego wird niemals Herr der Ereignisse sein. Wie sagt die *Bhagavad Gita:* „Ihr habt ein Recht zu handeln, aber kein Recht auf die Früchte eures Handelns." Ihr könnt natürlich einen Brief schreiben, aber es ist nicht sicher, dass der Empfänger das tun wird, worum ihr ihn bittet. Ein Arzt hat die Qualifikation, die ihm das Recht zu behandeln gibt, aber er kann die Heilung seines Patienten nicht fordern.

Der Sanskritbegriff *das* kann entweder mit ‚Diener' oder mit ‚Sklave' übersetzt werden. Es ist das Schönste, *Ramdas* zu heißen: Rams Sklave, der Sklave Gottes. In dualistischen oder religiösen Begriffen besteht die Befreiung darin, ein Sklave Gottes zu sein. *Abd* bedeutet in der arabischen Sprache auch ‚Diener' oder ‚Sklave' eines der 99 aussprechbaren Namen Gottes, während der Hundertste jenseits von Worten ist. Abd-el-kader bedeutet Diener des Allmächtigen. Befreiung bedeutet, ein Sklave Gottes zu sein. Es ist jener Sklave, den die Inder *jivan mukta* nennen, einen „zu Lebzeiten Befreiten". *Complete slavery is perfect freedom*, jenseits von „ich möchte, ich möchte nicht, ich habe mich geirrt, ich hätte müssen, ich hätte nicht dürfen" oder „das läuft nicht nach meinen Wünschen". Jenseits unserer Illusion von Freiheit, jenseits von Problemen, von Enttäuschungen, Unzufriedenheit, vom Glück, das uns immer nur morgen zuteil werden wird, ich werde glücklich sein, sobald …, ich wäre glücklich, wenn …, ist die Fülle hier und jetzt. Das andere Ufer ist erreicht, die Reise ist zu Ende. Die Egozentrik ist verschwunden und mit ihr die Welt der Anziehung und Abstoßung, der Wünsche und Abneigungen. Es ist diese tiefe innere Freiheit, die sich einstellt, wenn nicht mehr unsere Ängste und unsere Wünsche das Spiel bestimmen, sondern die Teilnahme an der Gesamtheit der Wirklichkeit, wie bei einem Musiker. Der Musiker eines Orchesters, das die *Neunte Symphonie* von Ludwig van Beethoven spielt, kann nicht einfach beschließen, etwas Fröhlicheres während des Konzerts zu spielen – zum Beispiel einen Walzer von Strauss. Er wird sich das Leben schwer machen und davon ausgehen, dass der Rest des Orchesters sich irrt. So lächerlich dieses Bild auch sein mag, es drückt nicht weniger aus als: Ich will gar nicht wissen, was das Orchester spielt, ich bin nicht Teil eines Ensembles. Weisheit wäre aber, Teil eines Ensembles zu sein. Befreiung bedeutet, Teil des großen Ganzen zu sein. Ich habe keine besondere Lust mehr, Walzer von Strauss zu spielen, ich möchte lieber das spielen, was gespielt werden soll. Der Musiker mag ein begnadeter Virtuose sein, dennoch ist er deswegen nicht weniger der Partitur und dem Orchesterdirigenten unterworfen.

Das Leben ist kein Orchester, das nach meinem Taktstock eine Partitur spielt, die ich selbst komponiert habe. Wir sind in eine Ganzheit eingegliedert und die Ereignisse nehmen ihren Lauf. Wir können sehr aktiv sein, aber immer vor dem Hintergrund, das wieder loszulassen. Erinnert euch an Swami Prajnanpads Worte: „Innerlich aktiv passiv sein – äußerlich passiv aktiv sein". Wagt ruhig, einen Blick auf die große Veränderung zu werfen, die euch geschehen könnte – mehr als eine Veränderung: Eine Verwandlung, eine Metamorphose.

Was die Vorherbestimmung und den freien Willen betrifft, beginnen wir also mit einer Form der Versklavung durch unsere eigenen Konditionierungen, die dafür sorgen, dass dieser bestimmte Aspekt der Wirklichkeit in uns diese bestimmte Anziehungskraft oder Abstoßung hervorruft, diesen zwanghaften Wunsch oder diese zwanghafte Abneigung und erlangen schließlich mehr Freiheit in Bezug auf unsere inneren Reaktionen und unsere Stimmungsschwankungen. Nach und nach wirkt, was in Indien „die Auflösung des Geistes“ genannt wird, die Auflösung dieser irrtümlichen Art und Weise, die Wirklichkeit immer von unseren Projektionen gefärbt wahrzunehmen. Am Ende des Weges befinden wir uns in einem bestimmten Zustand, den man auch als Versklavung bezeichnen könnte – die Unterordnung unter die Erfordernisse der Situation, in der ich mich befinde – was paradoxerweise als letztendliche Befreiung betrachtet wird. In Wahrheit ist es weder ein Widerspruch noch kompliziert. Wie könnt ihr je wirklich in Frieden sein, wenn ihr ständig wählen müsst, Entscheidungen treffen müsst mit dem Gedanken, möglicherweise einen Fehler zu machen, wenn ihr, wie Jean-Paul Sartre sagte, „zur Freiheit verdammt seid“? Die Befreiung – das ist das Ende dieses Fluches. Das Schönste an der Freiheit ist, dass sich die scheinbaren Wahlmöglichkeiten verringern, aber statt der üblichen Versklavung zeigt sich die natürliche Handlung, die nicht mehr durch das individuelle Ego verfälscht wird.

Diese Betrachtungen sind nicht die interessanten Gedanken von Swami Prajnanpad, die sich in Arnaud Desjardins Worten und Bildern ausdrücken, so wie man von Kants, Heideggers oder Kierkegaards Gedanken oder den Gedanken aller großen westlichen Philosophen sprechen würde. Es ist vielmehr der innerste Kern der Lehren, die sich in allen Traditionen wiederfinden. Swamiji, der die strenge Advaita Vedanta Lehre vertrat, verstand *complete slavery is perfect freedom* als die Hingabe an den Willen Gottes, eines Gottes, der nichts mit dem Gott zu tun hat, der im Laufe der Geschichte so oft angeführt wurde, um die schlimmsten Verirrungen zu rechtfertigen.

Ihr werdet nach und nach erkennen, dass es hinter den Worten eine Wirklichkeit gibt, zu der wir alle einen Zugang finden können, wenn wir wollen. Da ist das diesseitige Ufer, das Ufer der Versklavung. Die Überfahrt zum anderen Ufer ist ein Prozess, in dem man an Freiheit gewinnt. Und das andere Ufer zeigt eine andere Form der Versklavung – die einzige wahrhafte Befreiung. Es ist nicht mehr die Versklavung durch mechanische, individuelle Reaktionen eines Wesens, das aus Wünschen und Ängsten besteht. Es ist die Handlung, die einem gelassenen Frieden und der Liebe entspringt, hier und jetzt, die Harmonie mit der Ordnung der Dinge, die tatsächlich eine Hingabe an die Wahrheit oder an das zwingend Richtige ist. Aber das Ego kann das zwingend Richtige in der Situation nicht erkennen, denn es wird durch seine unterschwelligen enttäuschten Wünsche und unbewältigten Ängste geblendet. Die gewöhnliche Versklavung ist die des Egos und des Geistes, die das Ego unfähig macht zu verstehen, worin die Versklavung besteht, eine Versklavung, aus der es sich befreien könnte, um endlich glücklich, für immer glücklich zu sein. Das ist möglich, aber wir müssen unsere Art und Weise, die Dinge zu sehen und zu funktionieren, völlig verändern. Es handelt sich tatsächlich um den Tod auf einer bestimmten Seins- und Bewusstseinsebene, um auf einer ganz anderen Ebene wieder geboren zu werden.

3

Das Unzerstörbare

Es ist unbedingt nötig, klare Vorstellungen zu haben, aber das bedeutet nicht, dass man einen Doktortitel in Philosophie braucht, um auf dem Weg voranzukommen. Menschen, die kein umfassendes Studium absolviert haben, können einen gesunden und klaren Menschenverstand besitzen, während es angeblich sehr intelligenten Menschen nicht gelingt, ihre innere Verwandlung zu verstehen.

In unseren gewöhnlichen Lebensumständen – die die traditionellen Lehren als Schlaf, Versklavung, Illusion, die auch Angst mit einschließt, einstufen – verfügen wir über eine kleine Stärke: unseren Verstand. Ich spreche vom Verstand als der Fähigkeit zu erkennen, dass drei plus zwei fünf ist, ich meine also die reine unpersönliche Intelligenz. Aber gleichzeitig ist es auch wichtig zu verstehen, dass alles „Schlechte“ aus dem Gehirn, dem Geist und den Gedanken stammt. Das „Gute“ kommt auch aus dem Gehirn und den Gedanken, aber nicht aus dem gewöhnlichen mentalen Mechanismus, diesem Gedankenchaos, das die Realität verzerrt, unnötigerweise die Vergangenheit interpretiert und wiederkäut, indem es ohne die geringste Gewissheit auf die Zukunft projiziert, Schlüsse aus Fakten zieht und daraus ein falsches, völlig ungerechtfertigtes Gesetz ableitet.

Unser „Intelligenzzentrum“ besteht also aus zwei Aspekten. Da ist zunächst der Geist, den wir objektiv in all seinen Illusionen und Irrtümern betrachten müssen. Und gleichermaßen haben wir alle von Anfang an eine besondere Intelligenz, die später zur wissenschaftlichen Forschung befähigt, aber die schon im Kind existiert. Es ist also von größter Bedeutung, die Fakten klar zu sehen, so wie sie sind. Von dort geht unser Lösungsansatz aus. Buddha hat viele Dinge gelehrt, aber er hat auch gesagt: „Akzeptiert nichts, weil ihr Respekt vor mir habt, denkt nach, überprüft, findet eure eigenen Beispiele, bis ihr überzeugt seid.“ Gewisse sehr ungewöhnliche Gedanken leuchten euch vielleicht nicht gleich ein.

Was den Menschen am meisten beherrscht, sind nicht seine Wünsche, sondern es ist Angst. Uns wird erklärt, dass Angst vom neurologischen Standpunkt aus bei Tieren im Urzustand existiert und sie zur Flucht veranlasst, wenn sie ein Raubtier sehen. Es ist die Angst davor, angegriffen zu werden, zu sterben, kurz der Überlebensinstinkt. Aber für uns Menschen gestaltet sich das Thema Angst wesentlich komplexer und ist daher viel interessanter zu erforschen.

Swami Prajnanpad hat wiederholt eine erstaunliche Aussage gemacht: „*Fear is negative attraction*“, „Angst ist negative Anziehung.“ Viele verstehen Angst auf einer Ebene, die nicht falsch ist, die aber nicht die wichtigste ist: Wenn ich vor etwas Angst habe, werde ich es schließlich anziehen. Wenn ich so große Angst vor einem Autounfall habe, werde ich ihn früher oder später erleben, weil ich mich innerlich darauf ausrichte, genau die unbedachte Handlung auszuführen – nicht absichtlich, aber unbewusst –, die beweist, dass meine Angst begründet war. Aber Swamiji vertritt eine andere Auffassung: Wenn wir vor etwas Angst haben, ist es in gewisser Weise so, dass die Angst uns anzieht und dass wir uns dieser Anziehung (oder diesem Sog, diesem Magnetismus) widersetzen. Der Magnet zieht Eisen an, nicht Holz. Weshalb haben wir eine besondere Affinität zu bestimmten Aspekten der Realität, die uns auf subtile Weise faszinieren? Man muss diese Tatsache der Anziehungskraft oder Attraktivität verstehen. Es gibt Anziehungskräfte, deren Existenz wir anerkennen, denen wir aber bewusst widerstehen: Zum Beispiel ist da ein junger Priester, der das Zölibat sehr ernst nimmt. Er ertappt sich dabei, dass eine Frau aus der Gemeinde ihn aus dem Gleichgewicht bringt und bekennt: „Ich fühle mich sehr angezogen, aber ich werde dieser Faszination nicht nachgeben", oder ein anderes einfaches Beispiel: „Ich bekenne, dass ich mich von diesem Luxuswagen im Schaufenster des Autohändlers angezogen fühle, aber ich kann ihn mir nicht leisten und werde ihn nicht kaufen."

Andererseits gibt es Anziehungen, die wir nicht annehmen können, die deshalb aber nicht weniger wirksam sind. Der Magnet zieht Eisen an, ohne das Eisen um

Erlaubnis zu fragen. Wenn Anziehungskräfte auf uns wirken, haben wir den Eindruck, dass wir es sind, die etwas haben wollen: „Ich interessiere mich freiwillig für schöne Autos“ – „Ich interessiere mich freiwillig für die Kleider dieses Modeschöpfers.“ Aber es gibt Anziehungen, die ihre Wirkung ausüben und denen wir gleichzeitig Widerstand leisten. Nehmen wir dieses sehr einfache Beispiel: Derjenige, der durch ein Missgeschick vom großen Sprungbrett fällt, wird physisch unwiderstehlich von der Schwerkraft angezogen. Aber er will diese Anziehungskraft nicht. Dennoch wird er unerbittlich angezogen und leistet der Anziehung Widerstand, wie der junge Priester, der sich von einer Frau angezogen fühlt, aber schmerzlich von ihr getrennt ist, weil ihn das an seiner Berufung hindert. Gewisse Anziehungskräfte wirken auf uns ein, die wir nicht fühlen wollen. Wir wollen sie nicht anerkennen: Wenn ich mich dieser Anziehung überlasse, was wird dann aus mir? Man kann verstehen, dass ein Vater sich aus genetischen oder anderen Gründen von seiner Tochter, die in die Pubertät gekommen ist, sexuell angezogen fühlt. Er kann akzeptieren, dass er sich von Luxuswagen, die er sich nicht leisten kann, angezogen fühlt, jedoch verurteilt und verdrängt er die Tatsache, dass er sich von seiner eigenen Tochter angezogen fühlt. Ich spreche hier von einem Vater, der sich selbst als völlig normal ansieht und auch von anderen so angesehen wird. Dieser Mann kann nicht annehmen, was er fühlt, er kann es nicht akzeptieren. Das Thema des Inzests ist etwas Erschreckendes für ihn. Er kann das nicht auf objektive Weise betrachten. Etwas *neutral zu betrachten, bedeutet nicht, es zu billigen und Sklave seiner Triebe zu werden,* aber wir können versuchen, einen Menschen zu verstehen – und nicht nur zu verurteilen –, der von einer sexuellen Dynamik in diese Richtung gedrängt wird.

Das sind Beispiele, die euch zweifellos nicht betreffen, aber die Erfahrung zeigt, dass man in diesem Bereich Beispiele, die einen nicht betreffen, besser versteht. Welche von allen Aspekten der Realität üben auf euch eine Anziehung aus, die ihr ablehnt? Und weshalb erleben manche Menschen eine ganz besondere Angst. Eine Frau, die ich seit Jahren kenne, hat Angst davor, gefoltert zu werden. Nun leben wir in Frankreich, in der Schweiz, in Belgien oder in Québec nicht in einem Polizeistaat, wo Folter eine naheliegende und reale Möglichkeit ist, sondern in einem Land, in dem die Wahrscheinlichkeit, gefoltert zu werden, gering ist. Warum empfindet sie eine Art Faszination für dieses Thema, obwohl sich doch niemand wünscht, gefoltert zu werden? Es heißt nicht, „wenn ich vor etwas Angst habe, dann ziehe ich es an“, sondern „ich habe Angst, weil ich mich von diesem Thema angezogen fühle und ich verweigere mich dieser Anziehungskraft“.

Wenn wir körperliche Krankheitssymptome spüren, tritt das Thema Krankheit, zumindest im ersten Moment, in den Vordergrund unserer Gedanken. Wir fühlen uns also magnetisch angezogen vom Kranksein und lehnen es gleichzeitig ab. Tatsächlich wird uns die Angst nicht die Krankheit vom Leibe halten, und wenn die Krankheit ausbricht, wird die Angst uns nicht helfen, sie zu überwinden. Heutzutage geben alle gerne zu, dass unsere geistige Haltung neben Antibiotika und verschiedenen Medikamenten eine große Rolle spielt. Traut euch zuzugeben: „Ja, da ist Angst. Wovor habe ich Angst? Wodurch fühle ich mich wider Willen angezogen?“ Bestimmte magnetische Kräfte üben eine Wirkung auf uns aus und wir können nichts dafür. Wir werden angezogen, Punkt. Das ist alles.

Ihr stellt fest, dass ihr Angst habt und erkennt an: Ja, heute unterliege ich noch der Angst. Das sind die üblichen, einfachen, gewöhnlichen Lebensbedingungen. Wenn ihr Krankheitssymptome habt, werdet ihr vom Kranksein angezogen, das euch bevorstehen könnte, obgleich ihr das mehr als alles andere fürchtet. Ihr spürt diese Anziehung und seid nicht damit einverstanden, so wie ein kleines Stück Eisen, das überhaupt nicht damit einverstanden wäre, von dem Magneten angezogen zu werden und sich an ihn zu heften.

Die Angst ist unser Normalzustand. Sind in dieser Hinsicht Veränderungen möglich? Ja, Veränderungen, die fast unglaublich sind, von denen es aber dennoch viele Zeugnisse gibt. Aber geht nicht davon aus, dass diese Veränderungen sich schon vollzogen haben müssten. Die Angst vor Krankheit ist durchaus verständlich. Alle ziehen es vor, gesund zu sein – außer jemand, der spüren mag, dass die Krankheit das ist, was ihm hilft, sich spirituell weiter zu entwickeln, das, was ihn näher zu Gott bringt. Die Furcht, gefoltert zu werden, die die zuvor erwähnte Dame verspürt, ist erstaunlicher. Seht die Unterschiede. Bestimmte Ängste erfordern eine psychologische Untersuchung: Warum ist diese Frau vom Schrecken der Folter fasziniert oder jener andere von der Idee eines Autounfalls besessen? Was wir erkennen können ist, dass Angst ein reines Gefühl ist, ein grundlegendes Gefühl, das mehr oder weniger häufig auftritt. Welchen Sinn hat die Angst? Gar keinen. Wie hilft euch die Angst, Krankheit zu vermeiden? Gar nicht! Wie hilft euch die Angst, einen Verkehrsunfall zu vermeiden? Gar nicht! Könnt ihr euch vorstellen, dass das Gefühl von Angst euch das Leben in diesem Moment verdirbt, wegen einer Zukunft, die hier und jetzt noch gar nicht existiert? Und könnt ihr euch insbesondere vorstellen, dass die Angst selbst eine Krankheit ist, von der man geheilt werden kann?

Man hat oft gesagt, dass alle Ängste sich auf die Angst vor dem Sterben zurückführen lassen. Es ist richtig, dass es eine Angst ist, die die Natur uns eingepflanzt hat. Wenn wir keine Angst vor dem Sterben hätten, würden wir überhaupt keine Vorsichtsmaßnahmen treffen und das entspräche nicht dem Interesse der Natur, die will, dass sich die Menschheit auf der Oberfläche des Planeten vermehrt. Aber abgesehen vom Überleben im engeren Sinne und dem Wunsch, heute oder morgen noch nicht zu sterben, ist es am interessantesten, die Angst, zerstört zu werden, zu beobachten. Es handelt sich dabei um die Angst, zerstört, aber nicht getötet zu werden, *in einem Aspekt unserer Selbst zerstört zu werden, der tatsächlich zerstörbar ist, der relativ ist, eingebunden in Zeit und Kausalität, und mit dem wir uns identifizieren.* Ich kann durch den Tod physisch zerstört werden, das ist wahr, aber da ist noch mehr. Nehmen wir das Beispiel eines Läufers mit der Chance auf eine olympische Medaille, der einen schweren Unfall hat und eine Behinderung davonträgt; er ist noch immer am Leben, aber sein Leben als potentieller Olympiasieger ist vorbei. Der Mann ist nicht tot, aber der Olympiasieger ist tot. Üblicherweise hat man gegebenenfalls das Gefühl, „Ich habe Glück, ich habe viel Geld, ich habe das, was man ein großes Vermögen nennt". Man benutzt das Verb *haben*. Aber die Wahrheit ist „Ich *bin* ein sehr reicher Mann". Wenn ich mein Vermögen wegen eines Börsencrashs oder warum auch immer verliere, heißt es nicht: „Ich habe kein Geld mehr" – das würde mir nicht weh tun –, sondern „Ich bin als reicher Mann zerstört". Anlässlich der amerikanischen Börsenkrise 1932 haben sich zahlreiche „ruinierte" Kapitalisten das Leben genommen, obwohl der von ihrem Hab und Gut übrig gebliebene Rest einem durchschnittlichen Lohnempfänger wie das große Los vorgekommen wäre. Ist das nicht tragisch? Swamiji sagte mir einen Satz, der für mich zunächst nicht so leicht zu verstehen war: Wenn eine Mutter nur ein Kind hat und dieses Kind stirbt, dann ist die Frau als Mutter zerstört. Sie kann nicht mehr Mutter sein. Ich habe ein Kind, also bin ich Mutter. Was eine Frau glücklich macht ist, Mutter zu sein und nicht, ein Kind zu haben. Das heißt, alle diese Aspekte in uns sind unbeständig und zerbrechlich und die Angst davor lauert im Hintergrund unseres Lebens.

Ebenso sagte mir Swamiji eines Tages: „*You know shooting films because you have the being of a cameraman* – Du kannst filmen, weil du das Sein eines Kameramanns hast." Als Filmemacher kann ich sagen, dass das der Wahrheit entsprach: Der Kameramann Arnaud Desjardins war mir sehr nützlich, daher verstehe ich Swamiji gut. Aber sobald ich dann in mein kleines Zimmer zurückgekehrt war und meine Unterhaltung aufschrieb, fragte ich mich: „Warum hat er mir das gesagt? Was ist das für eine Formulierung, die die Verben *haben* und *sein* vertauscht?" In der Tat ist „das Sein eines Kameramanns" vergänglich und wird sterben, wenn sich eine Augenkrankheit entwickelt, die bewirkt, dass ich immer weniger sehe. Blindheit zerstört Kameramänner und Autorennfahrer, nicht aber Tenöre. Und sie zerstört auch nicht Väter und Mütter.

Wenn eine virtuose Pianistin und Mutter ihr Kind verliert, ist die Mutter zerbrochen, aber nicht die Pianistin. Es ist sogar vorstellbar, dass das Leid der Mutter, wenn sie es überwindet, ihre Sensibilität für die Interpretation bestimmter Werke erhöhen kann. Eine, wenn auch nur leichte, Verletzung der Hände zerstört die Pianistin. Sie kann vielleicht noch eine kleine Melodie spielen, um ihren Kindern Lieder beizubringen, aber die Virtuosin ist tot. All diese Aspekte unserer selbst, die wir für uns selbst halten, sind zerstörbar – nicht alle, aber die meisten werden durch den Alterungsprozess zerstört: Man hat nicht mehr dieselben physischen Kräfte, dasselbe Gedächtnis, die gleiche sexuelle Anziehungskraft.

Denkt mal darüber nach. Ich habe Kinder, also bin ich als Vater mehr oder weniger glücklich, enttäuscht oder zerstört. Meine Kinder sind liebenswert und gute Schüler, also bin ich ein glücklicher Vater. Einer meiner Söhne fällt in die Hände junger Revoluzzer und gerät so in die Kleinkriminalität: Ich bin als glücklicher Vater zerstört. Ich war ein glücklicher Vater und bin es nun nicht mehr.

Wenn wir die Angst vor dem Sterben durch die Angst vor der Zerstörung des einen oder anderen Aspekts, mit dem wir uns identifizieren und der unbeständig ist, ersetzen, dann erkennen wir, dass der spirituelle Pfad die Suche nach dem Unzerstörbaren in uns ist, das was Buddha das Ungeborene genannt hat, das was in den Evangelien das Himmelreich oder das Reich Gottes genannt wird, das was der Vedanta Atman nennt. Es geht um eine Suche in sich selbst. Dieses und jenes ist zerstörbar. Das anzuerkennen ist nicht pessimistisch, sondern realistisch. Schönheit ist vergänglich: Eine Gesichtsverletzung, die durch eine Schönheitsoperation nicht völlig behoben werden kann – und eine Schauspielerin ist kein Star mehr. Habt den Mut zu erkennen: „Inwieweit bin ich zerstörbar – oder viel mehr, welcher Aspekt von mir ist es?“ Ob ihr es glaubt oder nicht, für manche Männer ist die Zerstörung des Haarschmucks durch Glatzenbildung ein unerträgliches Leid! Was ist denn zerstört? Der Mann mit den schönen Haaren.

Trotz großer Errungenschaften der Medizin verbindet sich heute eine weit verbreitete Angst mit pathologischen Anzeichen im Gesundheitsbereich. Schmerzen am Knie oder an der Schulter sind unangenehm, aber wenn die Symptome zum Beispiel die Atmung und den Herzrhythmus betreffen, ist das eine andere Kategorie, denn man fühlt sich in seinen Vitalfunktionen gefährdet und bedroht. Man stirbt nicht an Rheumatismus im Knie, während man an einer schweren Herzschwäche durchaus sterben kann. Wenn ihr plötzlich Atemnot verspürt oder der Puls nicht normal schlägt, ist es nicht leicht, euch zu sagen: „Die Angst ist ein Gefühl wie alle anderen emotional aufgeladenen Gefühle und solche Gefühle sind nie berechtigt, aber es ist ein weiterer Anreiz, das Unbewegte in euch zu suchen.“ Ihr erkennt: Ja, eine Krankheit kann mich physisch zerstören, eines Tages werde ich tatsächlich zerstört sein. Es gibt keine Geburt ohne Tod. Bei der Geburt „schenkt die Mutter Leben“, aber sie schenkt auch den Tod. Daher tut ihr selbstverständlich, was zu tun ist, wenn ihr eine ernst zu nehmende Befürchtung habt, was eure Gesundheit angeht: Ihr lasst euer Blut und euer Herz untersuchen …, aber ihr glaubt nicht, dass ihr unverletzlich werdet, selbst nicht mit einer strengen Diät, die euch vorschreibt, eure Lieblingsgerichte nicht mehr zu essen und stattdessen

Vitamine, Spurenelemente und Omega 3 zu schlucken. Weder Geld auf der Bank, noch Versicherungspolicen oder einflussreiche Beziehungen sind eine Garantie ... So viele verlogene Versprechungen verführen uns heute zu glauben, dass wir in Richtung Unzerstörbarkeit gehen. Nehmen wir den Fall eines Mannes an, dessen wesentlicher Lebensinhalt sein Beruf war: Leitender Medizinprofessor und Chef der gastro-enterologischen Station eines großen Krankenhauses. Das alles ist er, aber sobald er in Rente geht, ist er es nicht mehr. Der Parkplatz, der für den Stationsleiter reserviert war, ist es nicht mehr für ihn, sondern für seinen Nachfolger. Das nennt man grausam einen *has been*. Er ist am Ende. Bestimmte Aspekte unserer selbst, mit denen wir mehr oder weniger identifiziert sind, werden dem Lauf der Zeit nicht standhalten, das ist sicher. Ihr könnt nur den Grad der Wahrscheinlichkeit einschätzen. Wir sind vergänglich in allen Aspekten unserer selbst und wir versuchen, es nicht zu sehen, als wäre das eine Lösung. Die geistige Haltung, die die moderne Welt inspiriert, möchte uns glauben machen, dass wir mit Versicherungen, Beziehungen, speziellen Diäten unveränderlich, unverletzlich und allmächtig werden.

Die Frage, die große Frage in der Einzahl, lautet also: Bin ich – was auch immer das bedeuten mag – unsterblich? Die wahre Hoffnung besteht nicht darin, intelligent zu leben, um sich in einem gewissen Maß vor möglicher Zerstörung zu schützen – das versuchen praktisch mehr oder weniger alle, wie der berühmte Geigenspieler, der niemals seinen Koffer trug, um zu vermeiden, dass seine Finger sich am Handgriff verspannten. Man muss vom Hilfsverb *haben* zum Hilfsverb *sein* wechseln. Die Wahrheit lautet nicht „Ich habe ein großes Vermögen“, sondern „Ich bin ein reicher Mann und ich könnte es eines Tages nicht mehr sein“. Was bleibt also? Wagt es, euch allen bedrohten Aspekten eurer selbst zu stellen. Das ist der einzige reale Ausweg. Und wenn ihr das wirklich hört, dann werdet ihr in euch unvermeidliche Reaktionen gleich starker und gegensätzlicher Kräfte aufwallen sehen: „Nein! Ich werde ewig jung sein, ewig reich, ewig gesund.“ Ihr werdet noch nicht einmal ewig Stationsleiter eines Krankenhauses sein. Ihr werdet in Rente geschickt und wir wissen, dass die Rente für manche Männer – manchmal auch Frauen – den Zusammenbruch bedeutet. Sie sind psychisch so sehr zerstört, dass sie trotz ihrer Träume, angeln zu gehen, daran sterben, weil die psychische Verfassung sich auf den Körper auswirkt.

Alle spirituellen Lehren wagen es, die Unsterblichkeit und das ewige Leben zu bezeugen. Das berühmteste Gebet der Upanishaden endet mit „ma amritam gamayo – führe mich aus dem Tod in die Unsterblichkeit (oder in den Nicht-Tod)“. Übersetzen wir das so: Führe mich aus allem, was in mir zerstörbar ist in das, was unzerstörbar ist – mögt ihr es Atman nennen, das Ungeborene, das ewige Leben, das Absolute oder Gott.

Ihr könnt darin schon die Morgenröte erkennen: Die Sonne ist noch nicht aufgegangen, aber im Osten ist der

Himmel schon heller. Die innere Sonne geht vielleicht nicht sofort auf, aber ihr spürt, ihr ahnt in euch eine Tiefe anderer Ordnung, ihr seht dieses „ewig Gegenwärtige“ voraus. Und in diesem Moment gibt es keine Angst mehr. Wie könnte der Bildschirm Angst vor dem Film haben? Kein einziger Kriegsfilm kann den Bildschirm beschädigen. Nichts kann dieses letztendlich Unzerstörbare zerstören: Das bezeugen alle Weisen durch die Jahrhunderte hindurch. Ihr hingegen nehmt nur wahr, dass die Wünsche und die Anhaftungen aller Art nicht verschwunden sind, auch nicht die Angst vor der Zukunft, was diesen oder jenen Aspekt eurer selbst betrifft, mit dem ihr euch verwechselt.

Ihr müsst an eurer persönlichen Angst arbeiten. Wenn ihr einmal verstandesmäßig erkannt habt, „die Angst ändert nichts an den Dingen, sie ist ein Spiel des Geistes, sie hat nichts mit dem Hier und Jetzt zu tun“, werdet ihr noch immer nicht überzeugt sein. Ihr müsst also *von etwas Positivem* überzeugt sein: *Ich kann das entdecken, was absolut unabhängig in mir ist.* Das, was euch für alle Aspekte eurer Askese motiviert, ist die klare Erkenntnis: Heute identifiziere ich mich noch mit meinem relativen Zustand. Deshalb lebt die Menschheit vor allem in Angst, wie alle Tiere. Es gibt keine andere wirkliche Lösung, als das Unzerstörbare zu suchen und zu erkennen: „Ja, dies hier ist zerstörbar, ich gebe mich geschlagen, ich weiß es.“ Allein die vollkommene Anerkennung der unerbittlichen Vergänglichkeit befreit das Bewusstsein der Ewigkeit und vertreibt die Angst zu sterben. Eine intelligente Befürchtung ist nützlich: Die Straße ist vereist, also fahre ich mit Winterreifen. Aber die Angst erspart uns nichts und sie kann uns zu Verhaltensweisen führen, die dem, was wir vorgeblich wollen, völlig entgegenstehen. Ich kann euch nur sagen, dass es für mich, nachdem ich die Ausdrucksweise „die Angst vor dem Tod“ durch „die Angst vor der Zerstörung des einen oder anderen Aspekts meiner selbst, mit dem ich mich identifiziere“ ersetzt hatte, – nur durch diese Änderung der Terminologie – ein Vorher und ein Nachher gab.

Unterscheiden wir also klar die unnötige Angst und die gerechtfertigte Befürchtung: Die Straßen sind vereist, ich fahre also langsam und vielleicht fahre ich heute sogar gar nicht und mache meine Einkäufe an einem anderen Tag. Der Wetterbericht kündigt ein Unwetter an, also fahre ich nicht mit meinem kleinen Segelboot raus, ich habe nicht genug Erfahrung als Segler. Aber die Angst, wie beklemmend sie auch sein mag, fällt unter die schockierende Formulierung, die so oft missverstanden wird: „Ein emotional aufgeladenes Gefühl ist niemals gerechtfertigt“. Wenn es gerechtfertigt wäre, würde es nicht verschwinden, es hätte seine Daseinsberechtigung. Also können Emotionen aus unserem Leben verschwinden, wie sie aus dem Leben eines Weisen oder eines Heiligen verschwunden sind. Diese Aussage stellt die berühmten

Wutausbrüche gewisser Meister nicht in Frage, ob sie nun aus dem Zen kommen, aus der tibetischen oder der Sufitradition, ob es sich nun um Swami Ramdas oder Ma Anandamayi handelt. Swami Prajnanpad hat mir die Gunst zweier solcher Wutausbrüche, inspiriert von einer ungeheuren Leidenschaft, erwiesen. Ein bisschen Klarheit erlaubt uns einfach, sie vom üblichen Spiel der Reaktionen zu unterscheiden. Das heißt, dass die mehr als dreißig Jahre, die ich der Übermittlung dessen, was mir zuteil wurde und dem Teilen dessen, was ich verstanden habe, gewidmet habe, mir gezeigt haben, wie sehr die Aussage Swami Prajnanpads „Emotion is never justified" Missverständnisse hervorbringen kann. Eine Emotion ist niemals gerechtfertigt, daran gibt es niemals etwas zu deuteln oder abzuschwächen. Nun verbringen wir aber unsere Zeit damit, emotional aufgeladene Gefühle zu rechtfertigen. „Das ist völlig normal, dass ich nach diesem Schlag, den er mir versetzt hat, wütend bin! Das kann gar nicht anders sein." Falsch! Heute könnt ihr es noch nicht, aber euch als Menschen kann es gelingen, frei zu werden von der Versklavung durch Stimmungsschwankungen. Euer Menschsein gibt euch das Potential, nicht mehr die üblichen Emotionen zu erleben, sondern diese durch feinere Empfindungen zu ersetzen, die der Intelligenz des Herzens entsprechen. Das ist von ganz großer Bedeutung, das ist das Herz des Weges und es ist vor allem auch eine Frage des Vokabulars. Was verstehen wir unter einem Gefühl in der Bedeutung von Emotion, was verstehen wir unter einem wahren Gefühl? Ein Glücksgefühl ist nur das Gegenteil eines schmerzlichen Gefühls. Das wahre Gefühl hat kein Gegenteil, es ist vielmehr das Einssein mit der Realität, wie auch immer sie sein mag, die Wahrnehmung der Wirklichkeit, so wie sie ist. Natürlich muss der Verstand seine Rolle spielen, aber um zu verstehen, um zu erkennen, spielt das Herz die wesentliche Rolle und das werdet ihr mehr und mehr erkennen, in dem Maße, wie eure emotionalen Reaktionen nachlassen. Sicher ist das Verschwinden von Emotionen als solches noch kein Beweis für Weisheit. Swami Prajnanpad wiederholte eines Tages: „Der Weise hat keine Emotionen mehr“ und fügte ruhig hinzu: „Ein Ziegelstein hat auch keine Emotionen.“ Bestimmte Formen ausgeprägter Debilität werden durch die Abwesenheit von Emotionen gekennzeichnet und bestimmte Substanzen (zugelassene Medikamente oder verbotene Drogen) können Emotionen auch betäuben. Hingegen ist die Anwesenheit von Emotionen eigentlich ein untrüglicher Beweis dafür, dass das Ego nicht gänzlich verschwunden ist, dass der Zustand der Nicht-Dualität noch nicht erreicht ist. Diesbezüglich beseitigen die spirituellen Lehren aller Traditionen und die Antworten aller Meister, die ich befragen konnte, übereinstimmend die Zweifel, die wir möglicherweise haben.

Es gibt eine Liebe, die ein emotionales Gefühl ist. Wenn die Frau deines Lebens dir widerspricht, bist du wütend, dennoch machst du dir vor, du seist verliebt in sie. Diese Liebe verwandelt sich leicht in ihr Gegenteil, aber es gibt auch eine Liebe, die kein Gegenteil kennt. Wenn das Herz auf intelligente Weise an der Wahrnehmung beteiligt ist, gelingt es euch vielleicht sogar, jemanden zu verstehen, der euch vor Gericht zerrt und euch zu Unrecht verklagt. Je weniger emotional aufgeladene Gefühle ihr habt, desto klarer seht ihr. Und je klarer ihr auf der Ebene der relativen, vielfältigen, sich verändernden Welt seht, desto mehr nähert ihr euch der Welt, die die esoterischen Lehren heraufbeschwört: dem Einen, der Einheit, der Einzigartigkeit, dem Ewigen, dem Unendlichen.

Diese radikale Infragestellung der emotionalen Gefühle ist überhaupt nicht beschränkt auf Swami Prajnanpad. Seit mehr als zweitausend Jahren lehrt uns die spirituelle Literatur – wie die christliche Literatur der ersten Jahrhunderte, wie die Baghavad Gita oder buddhistische Schriften –, dass der Weise oder der Heilige im Frieden verankert ist, in der unerschütterlichen Liebe und Gelassenheit, im Gleichmut, was Reichtum und Armut, Lob und Tadel, Erfolg und Not betrifft. Denkt über diese Aussagen von Swamiji nach, aber versucht nicht, wenn ihr vorwärts kommen wollt, sie abzumildern, sie zu entschärfen, zu differenzieren. Versucht zu verstehen, was ein emotionales Gefühl wirklich ist: Ein völlig egozentrischer Mechanismus. „Ah! Ja! Darüber bin ich glücklich!“ „Oh! Nein! Das tut mir weh!“ Es gibt nur mich in der Welt. Das allmähliche Verschwinden von Emotionen ist außerordentlich wichtig auf dem Weg. Das ist keine kleine Angelegenheit, sondern man muss sich im Klaren darüber sein: Da will ich ankommen, ich will in Frieden und in Liebe verweilen, ich will in Gelassenheit und Mitgefühl verankert sein.

Ein emotional aufgeladenes Gefühl ist grundsätzlich unnütz. Abgesehen davon, dass es uns unglücklich macht, beunruhigt, stört, uns aus dem Gleichgewicht bringt oder für den Moment euphorisch stimmt, ändert es nichts an der Situation und bereitet in keiner Weise intelligente Handlungen vor. Wenn unsere Emotionen verschwinden, tritt das Herz mit einer ganz anderen Funktionsweise an ihren Platz, die dazu beiträgt, dass ihr die Wirklichkeit auf völlig unterschiedliche Weise wahrnehmt. Emotionale Gefühle schneiden uns ab, trennen uns von dem Ganzen, von dem wir ein Teil sind. Hingegen ist das reine Gefühl intelligent. Es stimmt vollkommen überein mit der Erinnerung an euer Engagement auf dem Weg oder mit der Erinnerung an Gott, an die Nicht-Identifikation und euer Gegenwärtigsein. Emotionale Gefühle haben keinen Bestand, wenn ihr gleichzeitig die Aufmerksamkeitsübung praktiziert, die euch empfohlen wurde, und euch wirklich an sie erinnert. Das reine Gefühl wird nicht durch euer Gegenwärtigsein bedroht: Im Gegenteil, es vertieft sich. Emotionale Gefühle sind völlig egoistisch und wenn ihr euch eurem inneren Himmelreich zuwendet, verliert ein Glücksgefühl, das euch vor Freude verrückt, euphorisch und überschwänglich sein lässt, seine Macht.

Es gibt mit Sicherheit eine Sucht nach Glücksgefühlen. Das Unglück ist nur, dass noch nie ein Glücksgefühl länger angehalten hat. „Ich bin verrückt vor Freude, weil …, aber ich habe gerade erfahren, dass …“ und auf einmal ist euch der ganze Tag verdorben. Seid ihr erstens überzeugt davon, dass ihr frei von emotionalen Gefühlen sein könnt, und zweitens, dass ihr überhaupt frei von emotionalen Gefühlen sein wollt? Sicher haben emotionale Gefühle auch einen physiologischen, biologischen Aspekt, der Nerven, Herz, Atmung und Drüsen betrifft und einen mentalen Aspekt: Sie lenken die Gedanken in eine bestimmte Richtung. Sie schneiden euch ab, trennen euch von der Wirklichkeit und halten euch in ihrer engen Welt gefangen. Ihr seht die Wirklichkeit nicht mehr wie sie ist. Fragt euch, was ihr wirklich wollt. Für immer glücklich sein? Befreit von Angst, Leiden, Sorgen, Unruhe, Hoffnungslosigkeit? Wenn ihr immer wieder über ein schmerzliches Gefühl grübelt, macht euch das glücklich? Nein. Was wollt ihr: Unglücklich oder glücklich sein?

Man hört oft den Satz: „Gefühle sind das Salz des Lebens!“ Um Gefühle zu erleben, liest man Romane, schaut Filme an, man „unterhält sich“. Das ist die Falle. Ihr verliert nichts, wenn ihr eure emotionalen Gefühle verliert. Ihr verliert nur, was euch daran hindert zu erreichen, wonach ihr euch am meisten sehnt: Dass die Angst und das Leiden verschwinden und dass ihr entsprechend euren Möglichkeiten auf eine ganz neue Art fähig seid, Angst und Leiden bei den Menschen um euch herum zu lindern. Das ist das Gegenteil von Egoismus. Gebt euch nicht mit Feinheiten dieser Art ab: „Es gibt doch trotzdem verschiedene Arten von emotionalen Gefühlen." Ihr werdet merken, dass das, was Swamiji emotionales Gefühl (*emotion*) nennt, sehr präzise ist – ihr erfasst es mehr und mehr – und das was Swamiji reines Gefühl (*feeling*) nennt, auch sehr genau ist. Es handelt sich um alle emotionalen Gefühle, ohne Ausnahme. Wir können nicht verrückt vor Freude sein und gleichzeitig solidarisch mit all dem Leid, das in der Welt existiert. Emotional aufgeladene Gefühle schneiden euch ab von euch selbst und dem wahren Verbundensein mit der Wirklichkeit und den anderen. Sie nehmen euch gefangen und begrenzen euch. Wenn ihr mit einem Glücksgefühl identifiziert seid, könnt ihr mit niemandem mehr in einer wirklichen Beziehung sein. Ihr seht alles in rosa. Du kannst noch nicht einmal wahrnehmen, dass dein kleiner Sohn schrecklich traurig ist, weil man sich in der Klasse über ihn lustig gemacht hat. Emotionale Gefühle sind vollkommen egoistisch. Hingegen geht das, was wir reines Gefühl nennen, in Richtung von Verbundenheit, von Liebe, die kein Gegenteil kennt.

Allerdings weiß ich aus Erfahrung, wie sehr diese Infragestellung von emotionalen Gefühlen die Furcht vor einer Verarmung, einem Verlust wachruft. Es geht nicht um verlieren, es geht um finden. Ihr werdet in euch etwas so viel Glücklicheres finden, als all die Emotionen euch an Intensität im Leben geben konnten. Ja, es gibt etwas zu verlieren, aber zu verlieren, um etwas zu finden, damit sich in euch das entfaltet, wonach ihr euch wirklich sehnt: In Frieden mit euch selbst zu sein, entspannt, eins, ohne Angst, vollkommen offen für den Augenblick. *Das Überwinden der Emotionen und die Entdeckung des Unzerstörbaren in euch sind voll und ganz miteinander verbunden.* Emotionale Gefühle verhindern grundsätzlich, dass sich in uns Ewige Präsenz offenbart. Emotionale Gefühle sind das Spiel, das uns zwischen der Angst vor Zerstörung und der beschwichtigenden Leugnung dieser Zerstörung pendeln lässt. Du kannst durch eine Armverletzung in deiner Eigenschaft als virtuoser Pianist zerstört werden, aber auch – selbst wenn dir das Talent bleibt – durch die Ankunft von fünf oder sechs jungen, überragenden Rivalen in der Musikszene: Die Engagements werden weniger, die Presse spricht nicht mehr über dich, dein Bekanntheitsgrad nimmt ab und schließlich ist deine Karriere beendet, obwohl du mit 25 Jahren berühmt warst. Ihr wisst, dass das passieren kann, aber ist das Gefühl von Angst deswegen unvermeidlich? Wenn der Kritiker einer weltweit bekannten amerikanischen Zeitung geschrieben hat, dass du der größte Pianist deiner Generation warst, empfindest du ein Glücksgefühl, weil dich das vor der Vorstellung schützt, dass du in deiner Eigenschaft als berühmter Virtuose vernichtet werden könntest.

Wenn ihr durch euer eigenes Erleben vertieft, was ihr gelesen oder gehört habt, werdet ihr in aller Klarheit den Zusammenhang zwischen der Suche nach dem Unzerstörbaren und emotional aufgeladenen Gefühlen sehen. Das, was ihr verliert, wenn ihr die Welt der Emotionen verlasst, ist nichts im Vergleich zu dem, was ihr findet. Das Leben führt euch hinters Licht, es fasziniert euch, versetzt euch in Angst und Schrecken, löst in euch alle möglichen Reaktionen aus und lässt euch am Wesentlichen vorbei gehen, lässt euch den Gipfel, das höchste Ziel einer menschlichen Existenz verfehlen: Das Unendliche zu entdecken, die Ewigkeit zu entdecken. Das ist mehr als eine Veränderung: Das ist eine Metamorphose. Und es ist keine kleine Sache, eine Transformation durchzumachen. Die Raupe stirbt als Raupe, um als Schmetterling leben zu können und der Schmetterling erreicht eine neue Dimension. Die Raupe kann nur am Boden kriechen. Der Schmetterling kann sich in die Vertikale erheben. Die Metamorphose fügt der Erfahrung eine bis dahin unbekannte Dimension hinzu, eine vierte Dimension.

Von einem gewöhnlichen Standpunkt aus ist es verwirrend. Wir funktionieren nicht mehr wie zuvor, wir sehen die Dinge nicht mehr wie vorher, sondern auf eine viel umfassendere Art und Weise, mit einem Seinsverständnis, das wir vorher sicherlich nicht hatten. Veränderung braucht Zeit, weil die neuronalen Kreisläufe und das Trägheitsmoment der Gewohnheiten tief in uns verwurzelt sind. Es erfordert Arbeit und Können, um euch neu zu programmieren. Es handelt sich nicht nur einfach darum, nicht mehr auf die gleiche Weise wütend zu werden. Die Transformation auf dem Weg geht unendlich viel weiter. In Wahrheit könnt ihr nicht sofort in seinem ganzen Umfang verstehen, was es bedeutet, wenn die emotionalen Gefühle verschwinden und die wahren Gefühle sich stabilisieren, die kein Gegenteil kennen und die nicht von den Umständen abhängen.

Und das Verschwinden der Angst steht mit einem anderen Thema in Verbindung, das ebenfalls schwierig zu verstehen ist: Das Nicht-Getrenntsein. Was bedeutet es „eins mit“ einem äußeren oder inneren Phänomen zu sein, „eins mit meinem Gefühl zu sein“ und nicht „von meinem Gefühl mitgerissen zu werden“? Es gibt zwei Wellen im Ozean. Ich sehe sie getrennt voneinander, obwohl sie im Ozean vereint sind. Aber wie könnte nun euer Nicht-Getrenntsein von einem Polizisten aussehen, der euch wegen einer Geschwindigkeitsüberschreitung anhält? Es ist euch nicht möglich, sofort die Vollkommenheit dieser Erfahrung zu erkennen, aber ihr könnt fühlen, wie in euch Verbundenheit anklingt: Ich kann verstehen, ich kann es an-nehmen. Ihr seid jeden Augenblick mit dem einverstanden, was da ist, einfach weil es ist, und ihr versucht wirklich in Verbindung zu sein mit dem anderen, in dem Moment, wo er wütend auf euch ist, euch beschimpft und euch wie ein Gegner vorkommt. Er strahlt euch gegenüber Negativität aus und benutzt scharfe, sogar drohende Worte. Mit ihm also in vollkommener Verbundenheit zu sein, ist überhaupt nicht die Art und Weise, wie man gewöhnlich funktioniert. Und ihr werdet sehen, dass alles miteinander verbunden ist. Aber wenn ihr noch immer im Streit liegt mit euren Ängsten, mit euren Wünschen, euren Enttäuschungen, euren Forderungen, mit den Gedanken, die euch bedrängen, dann gibt es für euch noch eine unbedingt notwendige innere

Arbeit zu erledigen, für jeden seine eigene; denn wir sind alle verschieden. Wir haben nicht alle genau die gleichen Ängste, die gleichen eingravierten Kreisläufe, die uns zur Reaktion veranlassen.

Es gibt eine gewisse sogenannte „höhere, außerhalb von Zeit, Raum und Kausalität“ befindliche Realität, die in uns einer bestimmten Bewusstseinsebene, einer Ebene der Freiheit von allen Begrenzungen, entspricht. Alle heiligen Schriften bezeugen sie, von den Upanishaden bis zu den Evangelien, ebenso wie bestimmte Kunstwerke, und wir können sie intensiv in der Gegenwart von weisen Menschen spüren, darunter so außergewöhnliche wie Ma Anandamayi oder Dilgo Khyentse Rinpoche.

Allerdings brauchen wir, bis wir zu dieser Ebene selber Zugang haben, einen anderen Menschen, der in ihr verankert ist und sie im Außen repräsentiert. Das bedeutet, dass der Weise oder der spirituelle Meister vor allem ein Diener dieser höheren Realität ist. Wenn ihr eine Sendung von hoher Qualität seht, bedankt ihr euch nicht beim Fernsehgerät, obwohl ihr ihm verdankt, dass ihr dieses Programm sehen konntet. Es ist nicht das Fernsehgerät, das die Sendung produziert und es ist nicht ein Mensch, der diese höhere und zugleich tiefere Welt lenkt, die in Bezug auf die Erde schon so lange mit dem Himmel verglichen wird.

Ihr wisst, dass das Thema der Meister-Schüler- oder Meister-Jünger-Beziehung ein sehr wichtiger Aspekt unserer Arbeitsweise ist. Es gibt denjenigen, der aufnimmt, dem man einen möglichen Weg zeigt, und es gibt jenen, der diese Lehre vermittelt, der diesen Weg zeigt. Aber die „subtile" Macht des Weisen, so bedeutend dieser auch sein mag, ist begrenzt. Nicht alle Menschen, die sich in Ma Anandamayis Nähe aufhielten oder die länger bei Ramana Maharshi weilten, haben eine Wandlung durchlaufen und Frieden und Gelassenheit erlangt. Erwarten wir vom Meister nicht das Unmögliche.

Über den Dialog hinaus schließt die Beziehung mit dem Meister Blickkontakte ein, Momente der gemeinsamen Stille. Gewisse ungewöhnliche Einflüsse können durch einen Menschen zu uns gelangen. Wenn ihr alles, was euch zur Verfügung steht, nutzt, um wirklich in die Tiefe, in eure Tiefe zu forschen, kann euch Hilfe zuteil werden. *Aber ihr könnt nichts durch eigene Anstrengungen bewirken und nichts kann euch von außen gegeben werden. Ihr könnt nur das in euch entdecken, was durch das übliche Spiel der Wünsche und Ängste verhüllt ist.* Was ist heute wesentlich? In eurem Herzen eine freie, unabhängige Bewusstseinsebene zu suchen, die wir neben anderen Bezeichnungen das Unerschütterliche, das Unveränderliche, das Unzerstörbare nennen können. Es geht darum, immer wieder klar zu sehen, dass alle festgelegten Aspekte unseres Leben (ich bin dies, ich bin jenes, also bin ich nicht dies und nicht das) vergänglich sind. Ich bin gesund, also bin ich nicht krank und umgekehrt, ich habe sehr wenig Geld, also bin ich arm. Das reine überindividuelle *Ich bin* wird zu: ich bin dies oder das, zu einem Netzwerk von Begrenzungen.

Das Alter kann unsere intellektuelle Schärfe beeinträchtigen. Das Gedächtnis verschlechtert sich. Und, wie wir wissen, kann unsere physische Leistungskraft durch einen Unfall zerstört werden – ein Stabhochspringer kann sich im Rollstuhl wiederfinden. Was gibt es in euch – oder was seid ihr – im tiefsten Inneren, das durch nichts zu erschüttern ist? Beobachtet einfach aufmerksam den Prozess: Was wird zerstört, was wird nicht zerstört? Ein Athlet kann auf der physischen Ebene zerstört werden, aber jeder weiß, auch wenn der Körper gelähmt ist, ist das Bewusstsein es nicht. Allerdings machen wir zunächst alle den Fehler, das Bewusstsein mit den Gedanken zu verwechseln. Auch wenn wir uns körperlich nicht mehr bewegen können, halten wir das Bewusstsein für unversehrt. Aber wir glauben, wenn unser Denken nicht mehr auf unsere Anweisung reagieren würde, wäre unser Bewusstsein selbst betroffen. Nun bestätigen aber alle großen spirituellen Zeugnisse, dass der Atman, die Buddhanatur oder Gott in uns von unserem physischen und unserem intellektuellen Zustand unabhängig sind. Denn es handelt sich um eine Realität anderer Ordnung, die absolut und nicht mehr relativ ist. Erinnert euch: Der Bildschirm wird durch den Film nicht berührt. Und der Bildschirm ruft eine Vollkommenheit wach, ein Vertrauen, einen endgültigen Frieden, „den Frieden, der über alles Verstehen hinausgeht“, wie Paulus sagt.

Es kommt ein Moment, wo ihr euren Ansatz ändern und euch auf das Wesentliche konzentrieren könnt. Es geht nicht mehr darum, festzustellen: „Ich bin weniger ängstlich, die Qualität meiner Beziehungen bessert sich, ich habe weniger emotional aufgeladene Gefühle, sie dauern nicht mehr so lange an.“ Das ist eine Phase der Vorbereitung und durchaus wichtig, aber es kommt der Tag, an dem ihr sagt: „Jetzt will ich nur noch das Wesentliche“. Und dieses Wesentliche liegt nicht nur tiefer als physische Leistungen, sondern auch viel tiefer als Gedanken. Unsere physischen Fähigkeiten können mehr oder weniger stark eingeschränkt sein und werden auf jeden Fall durch den Alterungsprozess eingeschränkt werden. Auch unsere intellektuelle Leistungsfähigkeit kann nachlassen. Aber wenn ihr euer Herz von dem emotional aufgeladenen Gefühlschaos befreit habt und im Frieden und Mitgefühl verankert seid, und in diesem Vertrauen, das manche in religiösen Begriffen ausdrücken – sich aufgehoben fühlen in Gottes Armen – kann die Herzfunktion nicht beeinträchtigt werden. Nichts kann es mehr beeinflussen. Davon legen alle Weisen Zeugnis ab. Sucht das, was Jesus „die Schätze“ nennt, „die die Motten nicht zerfressen können, die der Rost nicht zerstören kann und die die Diebe nicht rauben können“. Es ist das Herz, das Tiefste in euch. Selbst wenn sich eure physische Leistungsfähigkeit verschlechtert, selbst wenn eure Gehirnfunktionen abnehmen, bleibt die Funktion des Herzens vollkommen intakt, wenn wir es von den gewöhnlichen emotionalen

Gefühlen befreit haben – was keine kleine Angelegenheit ist, wie wir wohl wissen.

Der Weg der Weisheit schützt euch also nicht vor dem Verfall der Gehirnfunktionen. Wenn das passiert, zeigen sich zwei mögliche Reaktionen. Die erste ist: „Ich verlasse mich auf die anderen." Wenn ihr euch nicht mehr bewegen könnt, könnt ihr jemanden darum bitten, euch ein Glas Wasser zu bringen. Aber wenn euch euer Gedächtnis im Stich lässt, so dass ihr den anderen fragt: „Wann waren wir bei Soundso essen?" und er euch antwortet „Ach, ich weiß es nicht mehr!" entsteht eine Art Leiden. „Nein! Du könntest mir helfen! Wenn du mir nicht hilfst, bin ich verloren" und diese Erfahrung nährt ein unnötiges Leidensgefühl. Wenn der andere unsere Erwartung enttäuscht, sind wir der betreffenden Person böse. Und wenn die Person, auf deren – nicht körperliche, sondern geistige – Hilfe ihr euch verlasst, eure Erwartung nicht erfüllt, fühlt ihr in euch eine negative Reaktion auftauchen: „Du Böser! Du kommst mir nicht zu Hilfe!" Eine solche Reaktion ist bei Menschen, die das Geheimnis des spirituellen Lebens noch nicht erkannt haben, unvermeidlich – aber bei einem Mönch, der sein ganzes Schicksal vollkommen in Gottes Hände gelegt hat, würde sie nicht auftreten: „Wenn Gott will, dass ich mein Gedächtnis verliere, gelobt sei Gott." Es ist offensichtlich, dass – wenn dich deine Gehirnfunktion im Stich lässt, wenn du zum Telefon gehst und in dem Moment, in dem du die Nummer wählst, nicht mehr weißt, wen du eigentlich anrufen wolltest – du das JA wagen musst, das absolute JA. Wenn ihr euch über euch selbst ärgert, wenn ihr euch Sorgen macht, wenn ihr einer Tatsache eine unnötige Weigerung hinzufügt, werdet ihr euren Zustand verschlimmern.

Übt euch also ab sofort im Wahnsinn des JA. Wir sind alle betroffen. Ein berühmter Tänzer, der durch einen Unfall behindert wird, ist zerstört, aber erinnert euch, dass, wenn dieser Mann zugleich ein großer Schachspieler ist, er als Schachspieler unversehrt bleibt. Sucht in euch das Ewige, das tiefer geht als die Leistungen eures Körpers und eures Gehirns. Das Ziel des Weges besteht nicht nur darin, weniger negative Gefühle und Ängste zu haben, weniger von der Faszination des Verliebtseins mitgerissen oder weniger erschüttert zu werden, weil die Börsenkurse gefallen sind. Ihr sucht nicht nur eine relative Freiheit, aber nach und nach werdet ihr viel weniger abhängig von Situationen und Ereignissen, bis ihr die metaphysische Freiheit erlangt habt. Das betrifft uns alle. Sucht dieses allem zugrunde liegende „Ich bin", das der Rost nicht zerstören kann und das Diebe nicht rauben können.

Sucht ohne Unterlass! Jesus verspricht euch im Evangelium: „Suchet und ihr werdet finden, klopft an und euch wird aufgetan." Klopft an die Tür eures eigenen Herzens. Aber man wird euch nicht sofort öffnen. Es gibt zwei Parabeln zu diesem Thema in den Evangelien. Zunächst jene des „ungerechten Richters": Eine geschädigte Frau bittet den Richter unaufhörlich, ihr Gerechtigkeit widerfahren zu lassen. Schließlich beschließt der

Richter, ihrer Bitte nachzukommen, weil er nicht mehr aushält, dass sie ihm täglich auf die Füße tritt. Jesus ist sehr realistisch: Er fordert uns auf, Gott solange zu drängen, bis er uns endlich antwortet. Die andere Parabel erzählt von dem Schlafenden, der morgens um drei von einem Freund gestört wird, der ihn um Hilfe bittet: „Bitte, bitte hilf mir" und der sich dann entschließt aufzustehen und ihm diesen Dienst zu erweisen, damit er hinterher wieder in Frieden weiterschlafen kann. Klopft also unermüdlich an die Tür eures eigenen Herzens. Beharrlichkeit ist in allen Briefen des Evangeliums gefragt.

Der Gedanke, dass wir in einem der Aspekte, mit denen wir uns identifiziert haben, zerstört werden können, ist also von großer Bedeutung. Der Wechsel vom Verb *haben* zum Verb *sein* ist ein großer Verständnisschlüssel. Ihr könnt die Zerstörung dessen, was ihr habt, problemlos aushalten, wenn ihr in eurem Sein nicht berührt werdet. Ich hatte etwas und jetzt habe ich es nicht mehr: Warum tut mir das so weh? Ich hatte einen wunderschönen Teppich und man hat ihn mir gestohlen: Ich leide, weil ich als Teppichbesitzer betroffen bin. Ich bin jetzt kein Teppichbesitzer mehr. Und wenn euch dieses oder jenes Ereignis in der Zukunft Angst macht, dann deshalb, weil das Risiko besteht, dass ein Aspekt eurer selbst betroffen ist, mit dem ihr euch jetzt noch verwechselt und von dem ihr untergründig wisst, dass er brüchig ist. Es gibt keine Garantie. Wenn ich so sehr auf der Tatsache bestehe, dass wir nicht von dem betroffen sind, was wir nicht mehr haben, sondern von dem, was wir nicht mehr sind, dann deshalb, weil das ein wesentlicher Gedanke ist. Der ganze Weg ist eine Frage des Seins, der ganze Weg dreht sich um „Ich bin" und die Suche nach dem „Wer bin ich?".

Erinnert euch daran, dass Swamiji mir einmal gesagt hat: „*You know shooting films, because you have the being of a cameraman.* – Du kannst Filme drehen, weil du das Sein eines Kameramanns hast." Warum hat er nicht gesagt: „Du kannst Filme drehen, weil du ein Kameramann bist"? Das wahre „Ich bin" ist unvergänglich. „Ich bin ein Kameramann", einverstanden, aber wenn ich mich an den Augen verletze? „Ein Sein haben", das Sein eines Chirurgen, das Sein einer Pianistin ist ein vorübergehendes Sein, aber Atman, das „Höchste Selbst", das Göttliche, ist kein vorübergehendes Sein.

Die Gehirnfunktion kann sich also verschlechtern. Aber die Herzfunktion, der Frieden, das Mitgefühl, die Ausgeglichenheit sind unzerstörbar, wenn das Herz frei ist von Gefühlsaufwallungen, von Wünschen, deren Nichterfüllung Leiden bedeutet und von Ängsten, die auf die Zukunft projiziert sind. Der ganze Sinn eures Weges liegt darin zuzulassen, dass diese Unzerstörbarkeit sich in euch enthüllt oder anders ausgedrückt, dass ihr euch in dieser „Realität" verankert, die absolut unabhängig ist. Es ist dieses Unzerstörbare, das Buddha in einer berühmten Formulierung das „Nichtgeborene" genannt hat, das keinen Anfang hatte; das „Nichtgemachte", das nicht durch andere Ursachen erzeugt wurde; das „Nichtgewordene" das keine Geschichte hat, obwohl an der Oberfläche alles in der Zeit abläuft; das „Nichtzusammengesetzte", obwohl alles zusammengesetzt ist, das Gehirn aus Neuronen und Synapsen, der Körper aus Zellen, Molekülen, Atomen und Elektronen …

Der Vedanta benützt die Formulierung *nitya-anitya. Nitya* bedeutet ewig, aber ewig bedeutet nicht tausende und abertausende von Jahren. Es bedeutet, nicht in die Zeit eingebunden, das Ewige Jetzt. *Anitya* bedeutet nicht ewig. Ihr bemerkt zu Beginn nur das nicht Ewige. Und *atman-anatman.* Man übersetzt *atman* mit „das Selbst". Wir können uns täuschen und denken, dass der Ausdruck „das Selbst" „das Ich im ruhigen Zustand" bezeichnet. Nein. *Atman bedeutet „der, der nur aus sich selbst existiert" und nicht in der Funktion von etwas anderem, was es auch sei.* Dieses Tuch existiert nur deswegen, weil auch Baumwollplantagen existieren, weil Leute Baumwolle anbauen, sie ernten, Fäden daraus spinnen und weben usw. Dieses Tuch existiert nicht aus sich selbst heraus, es ist *anatman*. Die spirituellen Lehren weisen auf eine erstaunliche spirituelle Erkenntnis hin. Ist es eine Wahrheit, oder nur ein Gedanke, über den man diskutieren kann?

Generationen von Menschen, Männer oder Frauen, haben bestätigt, dass sie den Wahrheitsgehalt von Buddhas Worten überprüft oder die unzerstörbaren Schätze, die im Evangelium erwähnt werden, in sich gefunden haben. Dieser physische Körper ist zerstörbar. Aber bin ich nur dieser physische Körper? Dieser intellektuelle Scharfsinn ist zerstörbar. Aber bin ich nur mein intellektueller Scharfsinn? Selbst wenn ihr noch nicht wirklich eine Ahnung habt, was dieses Nichtgeborene ist, könnt ihr doch jetzt schon spüren, wie sich das anfühlt: dauerhafter Frieden, unwandelbare Gelassenheit und Freude, unerschütterliches Mitgefühl und Wohlwollen. Sucht das Absolute. Ihr werdet es nicht auf der Ebene des Körpers oder der intellektuellen Fähigkeiten finden, sondern auf der Ebene des Herzens.

Die Identifikation besteht darin, dass ihr euch für etwas haltet, was ihr in Wirklichkeit nicht seid. Aber was ihr wirklich seid, das könnt ihr nicht nicht sein, ihr könnt es auch nicht nicht mehr sein. „Ich bin" *(aham brahmasmi, shivoham)* ist ewig. Nur das, was sich über das „ich bin" legt, ist vergänglich. Bitte verschiebt die gründliche Erforschung nicht auf später. Das höchste Ziel ist nicht den großen Yogis im Himalaya oder zu Recht berühmten Mystikern wie Theresa von Avila oder dem Heiligen Johannes vom Kreuz vorbehalten. Verschiebt die Suche nach dem Höchsten nicht immer auf morgen. Und gerade diese höchste Realität des Seins und des Bewusstseins wird seit Jahrtausenden in verschiedenen Sprachen durch ein reiches und im Original (Sanskrit, Hebräisch, Arabisch, Altgriechisch, Chinesisch) sehr präzises Vokabular beschrieben. Missverständnisse entstehen durch die Zufälligkeit von Begriffsübersetzungen (Bewusstsein, Seele, Geist, Ursache, Verstand, Psyche, etc.). Dennoch zeigt sich eine große Einigkeit in der Terminologie, um das innere

Erleben eines Weisen oder Heiligen darzustellen: Es handelt sich immer um Frieden, Freude und Liebe – und ihre Synonyme. Um einen glücklichen Zustand, unabhängig von äußeren Umständen und frei von Gegensätzen wie Freude und Leiden, Frieden und Sorgen, Liebe und Hass. Diese Konstante geht über verschiedene Ansätze, theologische oder metaphysische, dualistische oder non-dualistische hinaus.

Was verbannt und trennt euch heute von der unendlichen und unvergänglichen Vollkommenheit, nach der ihr euch in Wahrheit und in der Tiefe eures Herzens sehnt – trotz aller oberflächlichen Wünsche und Ängste.

4

Immer gegenwärtiger Frieden

Warum sollten wir das Versprechen jenes Glückszustandes, das ein Aspekt des Weges ist, eines Glückszustandes, der von äußeren Umständen unabhängig und ohne Gegenteil ist, immer auf die Zukunft projizieren? Ein gewisses Dringlichkeitsgefühl ist gerechtfertigt und sogar wertvoll, weil eure Praxis dadurch so viel entschlossener und intensiver wird. Es stimmt jedoch auch, dass es zwangsläufig ein Irrtum ist, zu schnell vorankommen zu wollen. Man verausgabt sich und gibt schließlich auf … Können und Leistungsfähigkeit zeigen sich in der Vermeidung eines kindlichen Übereifers, der nicht lange anhält.

Bilder und Erinnerungen aus der Vergangenheit tauchen in unserem Geist auf, die mit einer bestimmten Anzahl von Themen in Verbindung stehen, die uns allen gemeinsam sind, wie Bedauern, Groll, Sorgen. Warum belastet euch heute noch, was längst vergangen ist? Ich sage nicht, dass euch das nicht belasten sollte. Es belastet euch einfach, und zwar sehr häufig. Aber es sind unnötige Gedanken: Was ich hätte tun können, was ich nicht getan habe, was ich hätte tun sollen … Es handelt sich um Bilder, oder anders ausgedrückt, um Abbildungen. Es sind keine abstrakten oder philosophischen Gedanken, sondern Erinnerungen an vergangene Situationen, begleitet von einer bestimmten emotionalen Färbung, „Gedankenformen", die in euch, in eurem Geist oder eurem Verstand ablaufen. Man muss auf den Grundgedanken zurückkommen, der sich ebenso im Vedanta wie im Tantra findet: Schon jetzt gibt es im Hintergrund dieser Gedankenerregung, die manchmal sogar zu einem stürmischen Aufruhr aus Angst, Hoffnungslosigkeit oder Zorn werden kann, *the bliss of the Self* – die Glückseligkeit des Selbst. Nur sind eben diese Assoziationen vorhanden, und wenn sie durch irgendeinen Faktor ausgelöst werden, geraten wir wieder in dieselbe Gedankenspur, in dieselbe Gedankenspirale: „Niemand versteht mich, niemand liebt mich"; „Ich bin ungeschickt, ich bin zu dumm"; „Ich bin schlecht, ich bin schuldig"; „Ich habe alle günstigen Gelegenheiten verpasst"; „Mein Bruder hatte alle Chancen und ich hatte keine einzige". Eigentlich sind wir nicht dazu gezwungen, diesem unnötigen inneren Dialogen bis zum Ende zu folgen. Es ist wichtig, so schnell wie möglich zu erkennen: Es ist nur eine Abfolge von Gedanken oder Bildern, die im Bewusstseinsfeld auftauchen. „Niemand versteht mich" ist ein vorüberziehender Gedanke. Die Erinnerung an eine Situation mit einem Rahmen, einer Umgebung, einem Gesicht ist eine durch Gefühle gefärbte Bildkomposition. Und im Hintergrund ist schon jetzt der Grundstoff all dieser Gedanken, das Bewusstsein, das mit dem wellenlosen Ozean verglichen wird, in uns gegenwärtig, und genau das vergessen wir.

Ja, unser Leben spielt sich Tag für Tag mit dem ab, was uns gelingt und mit den Dingen, an denen wir scheitern, mit den Wünschen, die das Leben uns erfüllt und jenen, die es hartnäckig mit schlechten Nachrichten und Prüfungen durchkreuzt. Die Ereignisse spiegeln sich in uns in Form von Emotionen, Gedanken und Körperempfindungen. Nun hat Indien immer die bohrende Frage gestellt: Was geschieht während des Tiefschlafs, dem Schlaf, der uns sagen lässt: „Ah! Wie gut ich doch geschlafen habe!“? Es bleibt ein gewisses Bewusstsein davon zurück. Wenn es gar kein Bewusstsein im traumlosen Schlaf mehr gäbe, hätten wir Angst davor, einzuschlafen, Angst, in ein schwarzes Loch zu fallen. Wir können eine Erkrankung befürchten: „Was geschieht mir? Mein Geist vernebelt sich, ich werde ohnmächtig ...“, aber wir haben nie Angst, einzuschlafen – außer Kinder, die aus ihren ersten Albträumen erwachen und nicht verstehen, dass sie nur von einem Tiger geträumt haben, den es in Wirklichkeit gar nicht gibt. Man wünscht sich eine „gute Nacht“, „schlaf gut“. Möglicherweise nimmt man ein Schlafmittel ein. Das ist nicht das vollständig erwachte Bewusstsein, sondern das Bewusstsein im Urzustand. Im Schlaf sind wir weder alt noch jung, weder Mann noch Frau, weder berühmt noch unbekannt, weder geliebt noch betrogen, weder reich noch ruiniert. Der Tiefschlaf ist immer ein friedlicher, freudvoller Zustand – vor allem, wenn wir sehr unglücklich sind. Bestimmte Menschen, die versuchen, sich mit Schlafmitteln das Leben zu nehmen, wollen nicht unbedingt sterben, sondern sie wollen in den Frieden des Schlafs flüchten. Wenn eine Tablette mich einschlafen lässt, dann kann eine ganze Schachtel mir den absoluten Schlaf verschaffen.

Nun ist dieser Frieden, mit dem ihr im Schlaf verbunden seid, im Hintergrund immer da, sogar wenn ihr wach seid. Natürlich gibt es die Wechselfälle des Lebens, aber was bekümmert euch jetzt in diesem Moment? Es ist eure Abbildung der Situation, eure Sorge über sie, die Erinnerungen an die Vergangenheit, die Befürchtungen für die Zukunft. Und all das geschieht in euch. Das scheinbare Abenteuer eines Lebens spielt sich zwischen uns und den Ereignissen ab, zwischen uns und den Tätigkeiten der anderen, ob Freunden oder Feinden, es ist eine Angelegenheit zwischen uns und den anderen: Mein Haus, meine Frau, meine Kinder, meine Arbeit, mein Auto, mein Boot, meine Geige. Aber das andere ist auch innen: Ich und meine physischen Empfindungen: Unwohlsein, Spannungen, diverse Schmerzen. Ich und meine psychischen Empfindungen: Ängste, Entmutigungen, Hoffnungslosigkeit, Beklemmungen, mit denen ich im Konflikt bin, oder umgekehrt, die vorübergehende Euphorie. Das spirituelle Abenteuer ist eine Angelegenheit zwischen mir und mir, zwischen mir, dem engagierten Schüler auf dem Weg, und dem, was in meinem eigenen Gehirn und meinem eigenen Herzen geschieht. Eine gute Nachricht ist außen, eine schlechte Nachricht ist außen, aber in euch, in den Neuronen eures Gehirns, laufen die Wahrnehmungen und die Vorstellungen ab – mitsamt den Interpretationen eurer inneren Empfindungen.

Ich gebe dazu eine bekannte Geschichte aus dem tibetischen und japanischen Buddhismus wieder: Ein tibetischer Meister stellte mir diese uralte Frage, die ich aber nicht kannte: „Eine Fahne flattert im Wind: Was bewegt sich? Der Wind oder die Fahne?" Hm! Die Fahne bewegt sich, aber wenn da kein Wind wäre, würde sich die Fahne nicht bewegen. Folglich ist die richtige Antwort nicht: „Die Fahne bewegt sich." Und ich antworte triumphierend: „Der Wind bewegt sich." Und der Meister erwidert: „Nein, nein! In deinem Kopf bewegt es sich." Das ist eine großartige Antwort. Im Kopf entsteht etwas: Die Wahrnehmung einer Gebetsfahne, das ist das Bild, das Flattern ist der Ton. Es entsteht also alles immer in euch, in eurem Bewusstseinsfeld. Alles, was ihr erlebt, spielt sich in eurem Gehirn ab, in eurem Verstand, in eurer Psyche, in eurem Geist – es ist nur eine Frage des mehr oder weniger präzisen Vokabulars. In diesem Augenblick, immer, selbst im Hintergrund einer entsetzlichen Verzweiflung mit ihren schrecklichen Gedanken, ist der tiefste Frieden da, *the bliss of the Self* – die Glückseligkeit des Selbst, so sagen die hinduistischen Meister.

Im traumlosen Schlaf sind wir also weder dieses noch jenes, weder nicht dieses noch nicht jenes, sondern ausschließlich Bewusstsein. Aber ich habe noch nie einen

Priester oder einen evangelischen Pfarrer gehört, der in seiner Predigt angekündigt hätte: „Wir sprechen heute vom Tiefschlaf" anstatt ein Jesus-Zitat aus den Evangelien zu kommentieren. Es hat mich also zunächst überrascht festzustellen, dass in der Gesamtheit der seit Jahrhunderten übermittelten hinduistischen Weisheit der Schlaf mit Träumen und der Schlaf ohne Träume so nachdrücklich behandelt werden.

Einverstanden! Die Situation ist wie sie ist. Das leugnet ihr nicht. Ihr seht sie nicht wirklich genau so wie sie ist aufgrund eurer emotionalen Beteiligung, ihr seid vielleicht unnötig besorgt, ihr freut euch vielleicht umsonst, aber da ist eine Situation. Und wenn diese Situation in euch Gedanken voller Schmerz, Unruhe und Verzweiflung wachruft, erscheinen euch diese so schrecklichen Emotionen völlig normal und natürlich, da die Situation euch grausam, bedrohlich und verletzend erscheint. Daher wiederhole ich noch einmal: *Das gewöhnliche Leben ist eine Angelegenheit zwischen dir und dem Außen: Freunde, Feinde, Siege und Niederlagen – und der Weg ist eine Angelegenheit zwischen dir und dir selbst.* Man muss unablässig zu diesem Gedanken zurückkehren, weil alles auf die Tatsache hinausläuft, dass die Partie zwischen dir und dem Außen gespielt wird – mein Mann hat mich verlassen, mein Sohn nimmt Drogen, mein Geschäft geht zugrunde, so dass ich bald bankrott bin und Insolvenz anmelden muss – die ganze Leidenspalette, deren andere Seite ein glückliches Gesicht wäre, wenn die Umstände anders wären. Ich sage weder, dass die als äußerlich empfundene Situation nicht wichtig ist, noch dass psychotherapeutische Arbeit, die euch ermöglicht, solchen Lebensumständen anders zu begegnen, keinen Wert hat. Wieso seid ihr eigentlich davon überzeugt, dass ihr niemals ein Recht auf Liebe hättet oder dass jemand, der euch etwas Nettes sagt, es nicht ernst meinen kann? Ihr könnt auf der psychischen Ebene an euch arbeiten, das wird eure Beziehung zu dem, was „anders als ich" ist, verbessern, klären und vereinfachen. Aber das Herz des Weges besteht aus eurer Beziehung zu eurem inneren Erleben, das ist keine Angelegenheit zwischen euch und der konkreten Situation. Nein! Das ist eine Angelegenheit zwischen euch, euren Gedanken und eurem Gefühl hier und jetzt. Diese sorgenvollen und vielleicht auch schmerzlichen Gedanken, die euch völlig gerechtfertigt und unvermeidbar vorkommen – es ist doch klar, dass ich zwangsläufig sehr unglücklich bin, wenn es draußen sehr schlecht läuft – kreisen in eurem Gehirn. In euch spielt sich das Leben ab, nicht draußen. *In euch liegt die Ursache – in der Einzahl! – aller Leiden.* Und dieses Leiden verschwindet im nächtlichen Tiefschlaf. Vergesst das nie.

Wir haben die Angewohnheit, uns mit dem automatischen Wechsel unserer inneren Zustände zu identifizieren. Aber das Leben als Mensch gibt uns das Recht auf sofortigen Frieden und nicht erst auf Frieden, wenn sich die Situation entspannt hat. Das sind zwei verschiedene Realitätsebenen. Vielleicht verweigern euch die Banken tatsächlich einen Kredit, eure Kundschaft nimmt ab und euer Einkommen sinkt. Vielleicht werdet ihr so weit in die Enge getrieben, dass ihr Insolvenz anmelden müsst, das ändert jedoch nichts an eurem Recht auf Gelassenheit. Ihr müsst es schaffen, das zu verstehen, obwohl all eure Erfahrung euch das Gegenteil lehrt. Und wenn ihr das versteht und euch daran erinnert, dann habt ihr das Wesentliche begriffen.

Nicht nur verleugnet ihr diese Situationen nicht mehr, sondern ihr nehmt sie in Empfang und nehmt sie an. Deine Freundin schreibt dir in einem Brief: „Ich will dich nicht mehr sehen, ich gehe mit Jean-Michel weg, versuche nicht, mich zurückzuhalten." Wenn du mir diesen Brief vorlegst, kann ich nur sagen: „Ja! Ich bin einverstanden, die Worte sind schön und gut geschrieben." Deine Freundin hat dich verlassen und darüber hinaus hat sie dich mit einem Brief verletzt und gedemütigt, ja. Du kannst mir auch den Bericht deines Buchhalters zeigen, der deutlich macht, dass die Situation eine Katastrophe ist. Ich wiederhole: das ändert nichts am Recht auf bedingungslose Freude hier und jetzt. Ja oder nein, rede ich vielleicht Unsinn, wenn ich das sage? Sicher ist in diesem Fall, dass zahlreiche Menschen in der Geschichte der Menschheit diese Verrücktheit mit mir geteilt haben. Die tibetischen Rinpoches, die hinduistischen Weisen, die christlichen Heiligen sind alle ebenso verrückt. Sie bestätigen dieselbe Wahrheit, die Ausdruck der gleichen persönlichen Erfahrung ist. Versucht also zu erkennen: Die Gedanken erscheinen im *Bewusstseinsfeld* wie mehr oder weniger undurchsichtige Wolken am Himmel oder wie verschiedene Wellen an der *Oberfläche des Bewusstseins*: wie weit sich hinziehende, kurze, schnell aufeinander folgende oder sich aufbäumende Wellen an der Oberfläche des Ozeans. Das Leben als Mensch erlaubt es nicht, euch wie ein Vogel in die Luft zu erheben. Aber es erlaubt euch die Freude im Hier und Jetzt, selbst unter den schlechtesten Bedingungen. Das ist das Herz des Weges. Das normale Leben ist eine Angelegenheit zwischen dir und dem Außen. Der Weg ist eine Angelegenheit zwischen dir und dem Innen, das von außen nicht zu sehen ist. Von außen kann man sehen, dass du traurig bist oder im Gegenteil dich freust. Aber niemand kann wirklich empfinden, was du empfindest, noch genau die Gedanken lesen, die in deinem Gehirn ablaufen. Es geht nicht mehr um die Situation, sondern um innere Bewegung und innere Stimmungen. Eine Fahne flattert im Wind: Was bewegt sich, der Wind oder die Fahne? Es bewegt sich in unserem Inneren.

Wenn es weder eine Fahne noch Wind gibt und du allein in einem Zimmer mit schmucklosen Wänden bist, was geschieht dann? Es wird sich auf eine andere Weise „bewegen“. Andere Gedanken tauchen aus der Tiefe deines Geistes auf: „Ich habe nicht getan, was ich hätte tun sollen, ich habe nicht erfahren, was ich wissen wollte, ich habe die große Liebe, von der ich träume, nicht erlebt ... Es wird gut ausgehen ... Ich fürchte, dass es schlecht ausgeht ...“ Während ihr euch von wechselnden Gefühlszuständen mitreißen lasst und euch mit fortlaufenden Gedankenfolgen identifiziert, vergesst ihr, dass im Hintergrund, an der Quelle, die völlig freie „wahre Natur des Geistes“, wie der Buddhismus es nennt, beheimatet ist. Warum solltet ihr keinen Zugang zu ihr haben? Eine Psychotherapie dauert vielleicht lange und ist aufwendig, bis sie bewirkt, dass die störenden Emotionen und Beziehungsschwierigkeiten verschwinden, aber es geht eigentlich darum, dass ihr euch erinnert: „Nein, es geht nicht um das, was ist, wenn ich meine Therapie beendet habe, es geht um jetzt. Ich versuche, die Gedanken einfach als spontan auftretende Phänomene zu erkennen, so als wären sie ein Juckreiz, eine kleine Verstopfung, ein leichter Brechreiz, ein Kopfschmerz.“ So wie ihr physische Phänomene, die kommen und gehen, zur Kenntnis nehmen würdet, beobachtet ihr nun: „Da ist eine bestimmte Art von Gedanken, da ist die emotionale Färbung dieser Gedanken und da sind Bilder, die sich auf dem Bildschirm des Bewusstseins zeigen. Das ist die Oberfläche, ich kann mich von dieser Oberfläche lösen und ich habe hier und jetzt ein Recht auf den darunter liegenden Frieden. Das ist immer wahr. Ich verspreche nicht, dass es euch ganz sicher gelingt, aber traut euch, in diese Richtung zu forschen.

Wenn wir beunruhigt sind, können unsere Kommentare von zweierlei Art sein: Was kann ich tun, um die

Situation zu verbessern? Was muss ich unternehmen, um meine finanzielle Situation wieder unter Kontrolle zu bringen oder um einem meiner Kinder zu helfen, das in Schwierigkeiten geraten ist. Was bin ich als Vater oder Mutter verpflichtet zu tun? Und andererseits: Hätte ich weniger Gefühlsausbrüche, wenn ich eine Psychotherapie machen würde? Es ist ein Aspekt eurer Praxis, der in der Tat Zeit braucht, um das aufzulösen, was verknotet ist, das in Ordnung zu bringen, was in Unordnung geraten ist, das zu lösen, was blockiert ist wie ein verstopftes Rohr, in dem das Wasser nicht mehr abfließen kann. Ich spreche von einer anderen Annäherung, die aber damit vereinbar ist: Heute Nacht werdet ihr, in welcher Situation auch immer, in einen traumlosen Tiefschlaf sinken. Und jetzt habt ihr, wie auch immer die Situation beschaffen ist, die Möglichkeit, an diese vollkommene Ruhe im Wachzustand anzuknüpfen …

Ich erinnere mich, dass ich in meiner Jugend, als der Hinduismus und der Buddhismus noch nicht in Mode waren, ein Buch von Paul Brunton las. Er war bekannt für sein Buch *Search in Secret India (Verborgene Weisheit Indiens)*, in dem er Ramana Maharshi 1935 der westlichen Welt zugänglich machte. Er schrieb ein anderes Werk mit dem Titel *The Secret Path (Der verborgene Pfad)*. Er ruft darin die Tragödie des Krieges von 1914-18 ins Gedächtnis: Die Kämpfe zwischen Deutschen und Franzosen mit Bajonetten und Granaten, die gegenseitigen absurden Massaker ohne irgendein entscheidendes Ergebnis. Es gab da die Krankenhäuser an der Front, bevor man die Verwundeten hinter die Kampflinien brachte. Paul Brunton zitiert den Bericht eines Arztes, der erzählt, wie eine große Anzahl Verwundeter nach einer Offensive in einer verlassenen Kirche aufgereiht wurde. Wir können uns erst einmal eine Hölle vorstellen: Das Stöhnen, das Entsetzen derer, die Angst haben, dass man ihnen Gliedmaßen amputiert, jener, die Gesichtsverletzungen hatten und sich fragten, ob sie für den Rest ihres Lebens entstellt sein würden (die eingeschlagenen Fressen), der Männer, die verlangten: „Tötet mich, es tut zu weh." Aber der Schlafmangel und die Erschöpfung waren so groß, dass alle um drei Uhr morgens schliefen. Und der Arzt bezeugte: „Es herrschte vollkommener Frieden in der Kirche!" Es breitete sich unter diesen von Sorgen und körperlichen Schmerzen gepeinigten Menschen, unter diesen schlafenden Körpern um drei Uhr morgens der vollkommene Frieden aus. Ich ahnte damals noch nicht, was ich heute bezeugen kann, aber diese Darstellung eines unter solchen Umständen herrschenden Friedens, berührte mich auf eine unvergessliche Weise. Natürlich nimmt man beim Aufwachen wieder den physischen Körper und die Welt des Leidens wahr. Aber da wir ja im Schlaf mit dieser Glückseligkeit in Kontakt kommen können, warum sollten wir dann nicht auch jetzt im Wachzustand mit ihr in Kontakt sein können, unabhängig vom Umfeld und der Situation. Das ist die eigentliche Grundlage der Praxis, was unsere Unrast und unsere Sorgen angeht.

Sicherlich beziehen sich die Gedanken meistens auf eine bestimmte finanzielle, soziale oder familiäre Situation. Man sagt dir: „Ja, das ist ein Krebsgeschwür. Das muss operiert werden." Dann wirst du von Sorgen gequält. Die spirituellen Lehren versichern euch einhellig, dass selbst in diesem Augenblick eure wahre Natur reines Bewusstsein ist, unbeteiligte Unendlichkeit, der makellose Bildschirm, der dem Film der Erscheinungen als Untergrund dient. Es gibt ein äußeres Leben, das ein Biograf beschreiben kann, von dem du anderen erzählen kannst: „Weißt du, was mir passiert ist?", und es gibt deine innerseelische Geschichte. Zwei Personen, die zur Deportation abgeholt werden, haben dieselbe äußere Geschichte. Beiden wird eine Nummer auf den Arm tätowiert. Beide werden in einen Viehtransportwaggon, der Richtung Auschwitz fährt, eingesperrt. Die eine Person ist vielleicht von Frieden erfüllt – das ist vorgekommen, es gibt überzeugende Berichte davon – und die andere wird von Verzweiflung, Auflehnung, Entrüstung und Hoffnungslosigkeit gequält. Wenn ihr euch das vorstellen könnt, dann stellt euch die Frage: Was würde passieren, wenn in meiner aktuellen Situation Swami Ramdas oder Kangyur Rinpoche oder ein anderer authentischer Weiser an meiner Stelle wäre?

Am Anfang des Weges geht es nicht um Glauben sondern um Vertrauen: Alle Meister aller Traditionen konnten sich doch nicht Jahrhundert für Jahrhundert irren. Denn sie wiederholen alle dieselbe Wahrheit: Situationen treten auf; sie spiegeln sich in euch in Form von Gedanken, Gefühlen und bestimmten Körperempfindungen; das Spiel findet zwischen dir und dem Erleben dieses Momentes statt, und in genau diesem Moment, ist unbeschädigt vor dem Hintergrund deines Leidens, schon Gott in dir, schon die Glückseligkeit des Selbst in dir.

Die äußere Situation ist da und es gibt sicher gewisse Dinge zu tun, Briefe zu schreiben, Vorkehrungen zu treffen, aber ich spreche von eurer Beziehung mit eurem eigenen inneren Erleben dieses Momentes. In genau diesem Moment findet das Spiel statt und wird gewonnen oder verloren, jetzt sofort, und nicht wenn ihr euer Problem gelöst oder eure finanzielle Situation in den Griff bekommen habt. Wir projizieren in die Zukunft: Wenn ich mein Unbewusstes aufgelöst habe, wenn ich meine Therapie beendet habe … Das ist ein Aspekt der Praxis, *aber wesentlich ist der Versuch, jetzt Zugang zu diesem unberührten Bewusstsein zu erlangen.* Wo steht ihr hinsichtlich eurer eigenen Gedanken? Je mehr ihr sie erkennt als das, was sie sind, und auch erkennt, dass ihr das Äußere nicht so sehen könnt, wie es ist, schon allein durch die Tatsache, dass ihr es durch eure emotionalen Gefühlswelten hindurch wahrnehmt, umso mehr nähert ihr euch diesem Frieden und umso mehr seid ihr in der Lage zu sehen, dass die äußere Situation viel weniger schlimm war, als ihr dachtet. In dieser Hinsicht sind sich die spirituellen Lehren alle einig: Kümmert euch um das Jetzt, das Morgen wird sich um sich selbst kümmern. Die Evangelien bestätigen das:

„Sorgt euch nicht darum, was ihr essen, noch darum, was ihr anziehen werdet; selbst Salomon war in seiner Pracht nicht so gekleidet wie die Lilien auf dem Feld."

Um es einfach, aber deutlich auszudrücken: Solange ihr euch Sorgen macht, seht ihr nicht klar. Eure Wahrnehmung ist zwangsläufig verzerrt. Ihr leidet immer nur an schmerzhaftem emotionalen und mentalen Aufruhr, der durch eine Situation ausgelöst wurde, *die ihr nicht so seht wie sie ist, weil sie eben durch eure Ablehnung aufgrund eines Urteils oder eurer Angst, mit einem Wort: durch Bewertung verzerrt ist.* Wenn ihr die Situation ohne irgendeine emotionale Reaktion annehmen könntet, erschiene sie euch nicht mehr so beunruhigend. Und vor allem würdet ihr merken, dass diese Situation nicht mehr die Macht hat, euch daran zu hindern, mit der unberührten Tiefe in euch in Kontakt zu treten.

Das Komplizierte ist einfach. Wonach sehnen wir uns alle? Für immer in der Gelassenheit, der Freude, der Angstlosigkeit verankert zu sein. Gelassenheit nach einer Pleite ist mehr wert als sorgenvolle Unruhe während einer erfolgreichen Geschäftstätigkeit. Was wir suchen, ist schon da, wir sind das schon. Darin gründet jede esoterische Lehre. Wenn ihr irgendetwas sucht, das durch einen Grund verursacht wird, und euch noch so viel Mühe gebt, kann das Ergebnis durch andere Gründe verfälscht oder zunichte gemacht werden. Was einen Anfang hat, hat auch ein Ende. Auf dem Weg wird euch also empfohlen, eine Wirklichkeit zu suchen, die eurer Forschung zugrunde liegt und die nicht in der Zeit ist.

Gedanken sind in der Zeit: Gestern ist dies passiert, heute das, was wird wohl morgen geschehen, wenn das so weiter geht? In uns existiert also eine Wirklichkeit, die sich nicht in der Zeit, sondern im Ewigen Jetzt befindet. Der Vergleich Ramana Maharshis mit der Kinoleinwand spricht für sich selbst. Der Film spielt in der Zeit, der Abspann dauert drei Minuten und zwanzig Sekunden, aber von welcher Dauer ist die Leinwand?

Wie auch immer die Umstände sein mögen, ihr könnt euch darin üben, objektiv zu sehen und zu erkennen, was es an Subjetivem in euch gibt. Es sind häufig bestimmte Bilder, die in diesem Fall nicht unbedingt der konkreten Situation entsprechen, sondern Spuren aus der Vergangenheit folgen, die noch lebendig sind und wie in euch gespeicherte Schallplatten von einfachen Auslösern in Gang gesetzt werden. Da ist die Platte: „Niemand versteht mich." Da ist die Platte: „Ich schaffe das niemals, alles ist für die anderen.", dann ist da auch noch die Platte mit Vorwürfen und Schuldgefühlen. Seht und erkennt jede dieser Platten, mit denen ihr euch identifiziert und von denen ihr euch mitreißen, fesseln und absorbieren lasst. Von Zeit zu Zeit legt das Leben eine völlig andere Platte auf: „Viele Leute bewundern mich, ich hatte immer Erfolg bei den Männern (oder den Frauen)", und die Platte des Augenblicksoptimismus: „Das ist hervorragend, alles geht gut." Manche sind der ganzen Menschheit geläufig, andere sind eher individuell. Seit jeher wurden Milliarden von fröhlichen oder hoffnungslosen Platten in menschlichen Gehirnen abgespielt und seit zweitausendfünfhundert Jahren lehren die Buddhisten: „Es gibt ein Nicht-Geborenes, Nicht-Gemachtes, Nicht-Gewordenes, Nicht-Zusammengesetztes." Das ist wahr. Aber wenn sich das Nirwana fast ohne unser Zutun direkt manifestierte, gäbe es weder einen Weg, noch Meister, noch Schüler.

Wir müssen also Vertrauen haben – ob nun in Buddha, in Swami Prajnanpad, in Ma Anandamayi, in Al-Hallaj, oder in Jesus von Nazareth. „Alles geht schief", aber ihr habt ein Recht auf die Freude, zu der es kein Gegenteil gibt.

❧

Dieser Schwerpunkt auf dem Jetzt schließt jedoch nicht aus, dass ihr bewusst bestimmte Verhaltensweisen und Gewohnheiten ändern müsst. Da fällt mir eine Jugenderinnerung ein: Judo wurde in der westlichen Welt kurz vor dem Krieg 1939 entdeckt. 1938 gab es nur wenige Schüler in der angesehenen „Schule der schwarzen Gürtel". Dort praktizierte man ein Judo, das von dem japanischen Meister Kawashi gelehrt wurde. Nach dem Krieg wurde bekannt, dass diese Art Judo nicht der traditionellen Lehre entsprach, sondern der Judo des Kodokan von Tokio. Damit der Kodokan von Tokio ihre Dans anerkannte, mussten bestimmte Schwarze-Gürtel-Träger, die zehn Jahre oder mehr nach der Methode von Kawashi trainiert hatten, umlernen, aber sie schafften es. Es ist also machbar, aber es erfordert

Geduld und Beharrlichkeit. Ihr könnt euch emotional und mental umerziehen. Dann funktioniert ihr nicht mehr auf dieselbe Weise. Ihr könnt gewisse neuronale Kreisläufe ändern, gewisse Prägungen, und das braucht Zeit. Aber ich möchte heute eines deutlich machen: Die Bilder, die Gedanken, die euch Sorgen bereiten oder euch ängstigen, sind nur Formen, Bewegungen an der Oberfläche des Bewusstseins oder des Geistes, wenn ihr diese Bezeichnung lieber mögt. Passt auf, wenn ihr Übersetzungen lest, denn dieselben Wörter haben nicht immer dieselbe Bedeutung. In der buddhistischen Literatur bedeutet das Wort Bewusstsein die Gesamtheit der Gedanken und der Emotionen und nicht das Bewusstsein im Sinne von *chit* im Sanskrit. Ihr solltet euch im Klaren darüber sein was ihr als Bewusstsein, Geist, Psyche oder Verstand bezeichnet.

Da ist die Oberfläche des Geistes, die Oberfläche des Bewusstseins, aber der tiefe, bedingungslose Frieden ist auch da, in euch, wie schrecklich eure Situation auch sein mag. Es geht also um die Wirklichkeit einer anderen Ebene und nicht um gewöhnliche Erfahrungen. Erinnert euch an den schönen Sufispruch: „Ich irrte durstig durch die Welt, doch der volle Wasserkrug erwartete mich im eigenen Haus." Überall in Asien habe ich das Bild des im Keller eines Hauses verborgenen Schatzes gefunden und das eines armen Heiden, der seinen eigenen Reichtum nicht kennt. Aber der Schatz ruft nicht: „Ich bin ein Schatz!" Es braucht jemanden von außen, einen spirituellen Meister, aus der tibetischen oder der

Sufitradition oder einen christlichen Mystiker, der uns allen sagt: „Sucht, es ist schon da." Ich habe auch oftmals die Geschichte von dem Königssohn gehört, der als kleines Kind während einer Jagd im Wald verloren ging. Dreißig Jahre lang suchen die Gesandten seines Vaters überall nach ihm, um ihm seinen Platz als Thronfolger zurückzugeben. Er weiß gar nicht, dass er der Erbprinz ist. Er bettelt auf den Straßen des Königreichs. Wir sind alle mit diesem Erbprinzen vergleichbar. Und in dem Begriff „Erbe des Königreichs" erkennen wir die christlich religiöse Sprache wieder. Wir sind alle Erben des Himmelreichs. Diese Bilder deuten auf eine Erkenntnis hin, die nicht einfach ist, die ihr aber übernehmen könnt und nicht wieder vergessen dürft. Wagt es, euch in dem Moment daran zu erinnern, in dem ihr euch in Gedanken und emotional aufgeladenen Gefühlen verloren habt, die die Situation euch scheinbar unvermeidlich aufzwingen muss: Selbst in diesem Moment besteht meine wahre Natur in dieser Gelassenheit, die man auf den Gesichtern der Verwundeten ablesen konnte, die in Frieden versunken waren, auch wenn sie beim Aufwachen von ihren Albträumen wieder eingeholt wurden (das ist es, was Indien *sich im Kausalkörper, in der Quelle selbst auflösen* nennt). Warum solltet ihr keinen Zugang zu diesem Frieden haben, wo ihr ihn doch jede Nacht erlebt? Warum solltet ihr nicht diese bedingungslose Gelassenheit des friedvollen Schlafs im Wachzustand wiederfinden?

Man muss sich darin üben, man muss es versuchen. Und dafür müsst ihr davon überzeugt sein, dass es für euch möglich ist, und nicht nur für einen tibetischen Rinpoche, der an drei dreijährigen Retreats teilgenommen und danach zehn Jahre allein in einer Höhle in Sikkim oder Butan meditiert hat. Was geschieht in der Zeit? Eine Psychotherapie dauert lange. Es braucht Zeit, um gestörte mentale Gewohnheiten in Ordnung zu bringen und neue Neuronenverbindungen herzustellen. Aber ihr könnt unablässig zu dieser Vorstellung des Jetzt zurückkehren: Was ist meine wahre grundsätzlich unabhängige Natur? Ich leide, das ist die Oberfläche. Die schlimmsten Unwetter haben nur Auswirkungen auf die Oberfläche des Ozeans.

Der Verstand und das Herz klagen: „Aber die Situation ist schrecklich!“ Kümmert euch nicht um die Situation als solche. Wenn euer Haus brennt, ruft die Feuerwehr, aber wenn es keine unmittelbare Dringlichkeit gibt, lasst die Situation und interessiert euch dafür, wie sie sich in eurem Bewusstseinsraum spiegelt. „Das ist schrecklich!“: Das ist ein Gedanke. „Aber was wird aus mir?“: Das ist ein Gedanke. „Das habe ich wirklich nicht verdient ... Warum nur?“: Das sind nur Gedanken. Das schlimmste Gefühl geht vorüber. Vor acht Tagen war es noch nicht da, als ihr glücklich und fröhlich wart. Unweigerlich wird es auch in zwei Monaten oder in zwei Stunden nicht mehr da sein. Da wird etwas anderes sein. Es ist ein inneres Kino, das ständig sein Programm wechselt, ein Fluss, der unaufhörlich fließt. Ein Gedanke zieht einen anderen nach sich und dann noch einen. Wenn eine Platte stillsteht, beginnt sich eine neue zu drehen. Ein Geisteszustand macht einem anderen Platz, aber im Hintergrund bleibt „das, was sich nie ändert". Die Wellen an der Oberfläche verändern sich unaufhörlich, je nachdem, ob der Wind aus nördlicher oder westlicher Richtung bläst, in Böen oder leichten Brisen, der Ozean aber bleibt bestehen. *Das Schlimmste schließt nicht aus, dass ihr mit Gott vereint sein könnt. Das Schlimmste kann niemals ein Grund sein, dass ihr euch von Gott getrennt fühlt.* Dann empfindet ihr das Schlimmste nicht mehr als das Schlimmste, denn ein bedingungsloser Zustand von Frieden, Ruhe und Sorglosigkeit breitet sich in euch aus. Und auf einmal seht ihr die schreckliche Situation, den Bericht eures Buchhalters oder den ach so grausamen Brief eures Ehemanns, der euch verlassen hat, um mit einer anderen zusammenzuleben, gar nicht mehr mit denselben Augen. Ihr erlebt die Situation nicht mehr auf dieselbe Weise. Es ist eine Tatsache, aber sie quält euch nicht mehr. Dieser Frieden, „der über alles Verstehen hinausgeht", ist von Situationen unabhängig. Danach kommt natürlich: „Was mache ich nun?": *Der gesamte Handlungsbereich ändert sich vollkommen:* Ihr werdet nicht mehr infolge eures inneren Aufruhrs reagieren, schreiben, euch beklagen, einen Prozess anstrengen, „Probleme" verschlimmern, euch betrinken oder euch gar das Leben nehmen – und ich kann euch versprechen, dass das, was ich mit euch teile, möglich und real ist.

Ich erinnere mich an den Augenblick, als sich dieser Ebenenwechsel in mir vollzog. Ich versuchte bereits meine emotionalen und mentalen Gewohnheiten zu ändern, und wie Swamiji sagte: *It may take time*, es kann dauern. Aber eines Tages setzte sich das Hier und Jetzt endgültig durch: „Genauso wie die Nacktheit unter meinen Kleidern, die einfach nur bedeckt ist, ist in diesem Moment auch dieser Frieden da, der mich in meinem eigenen Herzen erwartet, der tiefe bedingungslose Frieden, unabhängig von der äußeren Situation und meinem inneren Aufruhr." Entscheidet euch jetzt, nicht später: Er ist da, er erwartet euch, der vergrabene Schatz in eurem eigenen Haus. Sucht den verborgenen Schatz in euch. Es gibt nur einen einzigen Bildschirm, aber es gibt viele Filme, einen Dokumentarfilm über Stahlwerke, einen Western, ein Musical, einen Porno. Es gibt unendlich viele Filme. Da sind jene, die uns besonders gut gefallen – unsere Lieblingsszenarien, ob angenehm oder unangenehm – und jene, die alle gesehen haben. Und ich kann euch sagen, dass einer der Filme, den alle gesehen haben, den Titel trägt: „Niemand versteht mich" …

Wir entdecken also: Wenn wir dieselbe Situation aus diesem tiefen Frieden heraus betrachten, erscheint sie uns gar nicht mehr so schlimm, wie sie uns sonst erschien. Sie ist gar nicht mehr so erschreckend, da sie nicht mehr die Macht hat, uns ins Leiden zu bringen, da sie nicht mehr die Macht hat, uns von Gott und der Unendlichkeit zu trennen. Sobald uns Gefühle bewegen, sehen wir einfach die Wirklichkeit nicht mehr. Wir sehen etwas Bedrohliches, also scheint es uns normal und unvermeidlich, dass wir von Angst erfüllt sind, da die Situation ja so schrecklich ist. Aber wenn wir diese mögliche Freiheit wiederfinden, wird uns klar, dass sie gar nicht „schrecklich" ist. Das erschien uns nur so, weil wir mit Ablehnung reagierten. Da erhob sich eine Welt voller Angst, die unseren Blick auf das Ganze völlig verschleierte. Wir sahen nur einen einzigen Umstand und vergaßen dabei alles Übrige. Wir zogen viele Schlüsse daraus, die so nicht stimmten, weil wir die Begleiterscheinungen übersahen, die unsere Wahrnehmung ins Gleichgewicht gebracht hätten, und jede Handlungsmöglichkeit, die die Situation geklärt oder immerhin verbessert hätte.

Ihr kennt den umgangssprachlichen Ausdruck: „gedankenverloren". Es geht darum, zu sich selbst zurückzukehren, in die Gegenwart seiner Selbst, oder wie die asketische, mystisch-christliche Tradition es ausdrückt, in die Gegenwart des Selbst und die Gegenwart Gottes. Ich erinnere mich an Gott. Was ich jetzt erlebe, erlebe ich im Angesicht Gottes. Es ist also ein ungewöhnliches Ereignis, das unsere automatische Reaktion durchkreuzt: Ich erinnere mich an Gott, mit allem, was dieses Wort Gott, Allah oder Ram für einen Mystiker bedeuten kann. Ich kehre zu mir selbst zurück, das ist das Wesentliche. Das ist der Kern des berühmten Gleichnisses vom verlorenen Sohn: Der älteste Sohn bittet seinen Vater, ihm sein Erbe im Voraus auszubezahlen, er zieht in die Ferne, gibt alles aus und findet sich schließlich in sehr unglücklichen Umständen in einem fremden Land wieder. Er ist darauf angewiesen, Schweine zu hüten, obwohl er in einer Religion aufgewachsen ist, die Schweinefleisch ablehnt. Und er erinnert sich: „Im Haus meines Vaters ...“ Der Text ist sehr klar. Viele Autoren haben diese Textstelle kommentiert: „Als er zu sich kam, erinnerte er sich“, obwohl er sich in äußeren Dingen verloren hatte.

Die erste Übung besteht also darin zu lernen, wie man inmitten der üblichen umherirrenden Gedanken zu sich selbst zurückkehrt. Wenn ihr euch zu ihren Komplizen macht, habt ihr überhaupt keine Macht über quälende Gedanken. Da sind Phantasien aller Art, Gedanken, die weder glaubwürdig noch nötig sind, aber wenigstens schenken wir ihnen keinen wirklichen Glauben. Wenn aber aus den Phantasien „niemand versteht mich“ oder „was mir passiert, ist ungerecht“ wird, dann glauben wir daran.

Wann immer ihr könnt, wacht auf. Dann könnt ihr einen Mechanismus in Gang setzen, der dafür sorgt, *dass nun gerade das, was euch mitgerissen und absorbiert hat, euch an euch selbst erinnert und euch zu euch selbst zurückführt.* Da ist ein emotional aufgeladenes Gefühl? Dessen seid ihr euch bewusst. Wenn ihr wollt – das wird nicht sofort gelingen – könnt ihr folgende Verbindung herstellen: „Sobald das Gefühl auftaucht, wird es zur Mahnung, mich zu erinnern. Ich kehre zu mir selbst zurück und erinnere mich an meine Praxis auf dem spirituellen Weg. Ich erinnere mich, und die ganze Lehre steht mir zur Verfügung.“ Aber wenn ihr euch zu sehr auf einen Pakt mit harmlosen Gedanken, die euch nicht quälen, einlasst, verliert ihr eine Gelegenheit zur Übung und haltet damit den Automatismus aufrecht. Wenn ihr euch weiterhin von Gedanken mitreißen lasst, besteht ihr aus nichts anderem als Gedanken und wenn die Gedanken euch das Herz zerreißen, weil die Situation euch so überaus grausam erscheint, seid ihr machtlos. Übt euch. Diese Freiheit der Tiefe weilt im Hintergrund der schlimmsten Stürme, der größten inneren Leiden. Sie weilt aber auch im Hintergrund der banalen, mehr oder weniger glücklichen Gedanken, die angesichts des Wesentlichen, des Unendlichen und des Ewigen in euch lächerlich sind. Ihr bleibt an der Oberfläche des Bewusstseins und vergeudet eure Zeit mit Phantasien. Man kann nur jetzt *sein*. Wenn ihr Hier und Jetzt seid, könnt ihr euch dem Unvermeidlichen nicht mehr verweigern und auch das Unbestreitbare nicht mehr bestreiten. Genau jetzt in diesem Moment könnt ihr selbst dem inneren Konflikt ein Ende setzen und den Frieden wiederfinden, der eurer wahren Natur entspricht.

5
In der Liebe bleiben

Für den Versuch, etwas Unsagbares auszudrücken, benutzt die hinduistische Lehre zwei Lösungsansätze, den der Verneinung (nicht dieses, nicht jenes) und den der Widersprüche (größer als das Größte und kleiner als das Kleinste, näher als das Nächste und entfernter als das Entfernteste). Aber die bekannteste Formulierung ist in einem Sanskrit Wort enthalten: *satchitananda*, zusammengesetzt aus *sat*=Sein, *chit*=Bewusstsein und *ananda*=Glückseligkeit. Seit meiner Kindheit war mir der Ausdruck „Gott ist Liebe" vertraut, und so brachte ich eines Tages einem der überzeugendsten Swamis in Ma Anandamayis Ashram gegenüber mein Erstaunen zum Ausdruck, dass diese Formulierung „Gott ist Liebe" nicht in der vedischen Beschreibung des Absoluten vorkommt. Er antwortete mir mit einer anderen Frage: „Ach! Du kannst dir also die Glückseligkeit ohne Liebe vorstellen?" Das eine geht nicht ohne das andere, in vielerlei Hinsicht sind diese Ausdrücke Synonyme. Aber was beinhaltet für uns das Wort Liebe?

In der deutschen Sprache deckt dieser Begriff recht verschiedene Wirklichkeiten ab, von „Gott und seinen

Nächsten lieben“ bis „Milch- und Nussschokolade lieben“. Man kann aus Liebe töten: das Verbrechen aus Leidenschaft. Da ist das, was alle lieben und das, was keiner liebt. Und sehr oft bedeutet die Liebeserklärung eines Mannes an eine Frau „Ich liebe dich“ in Wahrheit: „Ich möchte lieber von dir als von einer anderen geliebt werden.“ Es ist eine Liebe, die wie ein Geschenk aussieht, aber wenn wir offen und ehrlich sind, sehen wir, dass diese Liebe viel eher ein Verlangen ist, das etwas haben will, als ein Geschenk.

Ihr müsst beobachten und herausfinden, wie ihr auf dieser Ebene funktioniert. „Ich liebe, was ich liebe, und verspreche mir etwas davon.“ Und anders herum: „Ich liebe nicht, was ich nicht liebe.“ Nach und nach wird sich das verwandeln. Öffnet euch für die Vorstellung von einer Liebe, die zu einem dauerhaften Zustand geworden ist. Ein wohl bekannter Ausspruch besagt: „Der Weise liebt so, wie das Feuer wärmt und leuchtet.“ Das Feuer leuchtet ebenso wenig für jemand oder für etwas Bestimmtes, wie es jemand oder etwas Bestimmtes wärmt; es ist seine Natur zu wärmen und zu leuchten. Man muss dazusagen, dass dieses berühmte Bild für uns heute weniger eindrucksvoll ist als für unsere Vorfahren, einfach weil es damals keine anderen Leuchtmittel als das Feuer in Form von Leuchtern, Fackeln und Kerzen gab, und es war auch die einzige Möglichkeit zu heizen und sich zu wärmen. Heutzutage profitieren wir von elektrischer Heizung und Beleuchtung, Feuer spielt also eine viel geringere Rolle in unserem Leben, und deshalb erfordert dieses Bild, das sich in allen traditionellen Lehren findet, mehr Achtsamkeit, um seine Botschaft wirklich zu verstehen. Aber die wahre Antwort auf jegliche Frage über die Liebe ist, für diesen Gedanken offen zu sein: Der Weise liebt so wie das Feuer wärmt und leuchtet. Es handelt sich also um eine bedingungslose Liebe, die sich an niemanden persönlich richtet und die dennoch jeder persönlich spürt. Diese Liebe kann immer beständiger werden, ohne Pendelbewegung, ohne Gegenteil. Schaut mal, wie sehr wir jemanden hassen können, den wir zuvor liebten, weil dieser Mensch Leiden für uns verursacht hat.

Alle spirituellen Lehren verlangen gleichermaßen von uns, auf das Recht, das wir uns herausgenommen haben, nicht zu lieben, was wir nicht lieben, zu verzichten. Wenn ihr nach Erwachen, wenn ihr nach Weisheit und Glückseligkeit strebt, müsst ihr aufhören, das nicht zu lieben, was ihr nicht liebt und in der Liebe verankert bleiben, unabhängig von Menschen und Umständen, denen ihr Tag für Tag begegnet. Wenn sich der schlimmste Verbrecher dem Feuer nähert, ändert das nichts am Feuer. Wenn jemand das Feuer mit den schlimmsten Beleidigungen, die man sich vorstellen kann, beschimpft, wärmt und leuchtet das Feuer dennoch weiter. Mit anderen Worten: Der Zustand der Liebe schließt Feindesliebe, Liebe für alles, was und alle, die wir nicht lieben ein, nicht weil wir jemanden besonders lieben, der uns überhaupt nicht liebenswert erscheint und dem wir eher kritisch gegenüberstehen, sondern weil wir in der Liebe verankert sind. „Jener, der in der Liebe bleibt, bleibt in Gott und Gott bleibt in ihm", besagt der Apostelbrief des Johannes im Neuen Testament. Der Dalai Lama bleibt also sogar in Gott, ohne an ihn zu glauben.

Lieben heißt nicht, etwas zu billigen. „Wie bitte? Du wirst doch nicht von mir verlangen, die Nazis zu lieben, die die Juden verfolgt haben!?" Aber ja doch. Die Antwort der Weisen war schon immer klar und deutlich: Liebet eure Feinde. Es gibt die wunderbare und wahre Geschichte von dem tibetischen Rinpoche, der nach China deportiert und dort gefoltert wurde. Er wurde befreit, als die Politik dort ein bisschen liberaler geworden war. Der Dalai Lama empfing ihn und stellte ihm die Frage: „Hattest du manchmal Angst?" Er antwortete ohne zu zögern: „Meine größte Angst war, dass ich die Chinesen nicht mehr lieben könnte." Und für einen wahren tibetischen Rinpoche war das grausamer als die Folter.

Am Ende meines ersten Aufenthalts in tibetischen Gebieten von 1964-65 wegen eines Filmprojektes, traf ich den Dalai Lama zum letzten Mal, bevor ich nach Frankreich zurückkehrte (damals waren wir beide noch viel jünger!). Ich fragte ihn: „Ich kehre nach Frankreich zurück, um diese Filme zu bearbeiten. Hat Eure Heiligkeit noch einen letzten Hinweis für mich oder eine Bitte?" Wir waren nur zu zweit: Er sprach weder für das Fernsehen noch für die Zeitungen und antwortete mir: „Ja, eine Bitte: So groß deine Liebe für das tibetische Volk auch sein mag, deine Verehrung für die Meister, denen du begegnet bist: Sprich niemals schlecht über die Chinesen.“ Dann zitierte er Buddha: „Das Feuer des Hasses wird nur durch die Liebe gelöscht; und wenn das Feuer des Hasses nicht gelöscht wird, so deshalb, weil die Liebe noch nicht stark genug ist.“ Der Dalai Lama begann Englisch zu sprechen mit den Leuten, denen er vertraute, wenn seine Äußerungen nicht die Zukunft Tibets betrafen. Es gab also keinen Übersetzer. Ich war überrascht, dass er das Wort *love,* Liebe, statt des Wortes *compassion* – Mitgefühl benutzte. Ich fragte mich, ob er wohl verstanden hatte, dass für westliche Menschen das Wort *love* – damals zumindest – geläufiger war, eindeutiger, als das Wort *compassion.* Die Geschichte des tibetischen Rinpoches, der am meisten unter der Befürchtung litt, dass seine Liebe für die Chinesen in manchen Momenten schwinden könnte, ist, wie die Antwort des Dalai Lama, eine wahre Geschichte. *Das Voranschreiten auf dem Weg spricht uns das Recht ab, nicht zu lieben, was wir als nicht liebenswert erachten.* Es gibt auf dieser Ebene keine Unterschiede.

Im Moment sind wir noch weit davon entfernt, in der Liebe verankert zu sein; wir haben gefühlsmäßige Reaktionen der Ablehnung, des Misstrauens, sogar des Grolls: „Ich bin ihm böse.“ Aber was uns in unserem eigenen Interesse – nicht nur im Interesse jener, die wir lieben – geraten wird, ist, uns immer mehr auf bedingungsloses Wohlwollen einzulassen. Wir machen jedoch schon seit unserer Kindheit die Erfahrung, dass wir jemanden oder etwas lieben oder nicht lieben. Ich sage es noch einmal, die wahre Liebe ist ein beständiger

Seinszustand, zu dem uns die spirituelle Praxis nach und nach hinführt. Danach kommt die Umsetzung dieser Liebe. Ihr widmet euren eigenen Kindern mehr Zeit und Energie als Kindern, die ihr nicht kennt und denen ihr nie begegnen werdet. Ihr könnt ein besonderes Gefühl für eine Frau oder einen Mann hegen, denn es gibt feine Unterscheidungen im Innern dieses Zustands von Liebe. Wenn wir jemanden zu lieben meinen und dieser Mensch unsere Erwartungen nicht erfüllt – ob das nun der Mann ist, in den du verliebt bist oder ob es deine Kinder sind – ist dies die übliche Reaktion: „Du verursachst Leiden für mich, ich bin dir böse." Kinder verursachen Leiden für ihre Eltern, jedenfalls in bestimmten Momenten, und manchmal auf erschreckende Weise: Ein asozialer und straffälliger Jugendlicher ist eine Herausforderung für seinen Vater und seine Mutter. Die allzu verständliche automatische Reaktion ist: „Ich bin dir böse, also kann ich dich nicht mehr lieben." Es ist die gleiche Reaktion beim Erwachsenen wie beim Kind: „Du tust mir weh, du bist böse!" Seht, wie dieser Mechanismus in euch wirkt, und entscheidet euch, ob ihr ihn überwinden wollt oder nicht. Je mehr ihr in der Liebe zu Hause seid, desto glücklicher seid ihr: Das eine geht nicht ohne das andere. Alle spirituellen Lehren versprechen euch einen Glückszustand – je nach der Sprache in unterschiedlichen Worten –, einen glücklichen, von Ereignissen unabhängigen Seinszustand. Ihr könnt diesen Zustand nicht erreichen, wenn euch nicht klar ist, dass jedes Gefühl von Nicht-Liebe euch zwangsläufig davon entfernt. Umgekehrt machen wir zum Teil die Erfahrung, dass wir jedes Mal glücklich sind, wenn unser Herz voller Liebe ist, und sei es für unsere Enkelkinder. Jedes Mal, wenn wir von Liebe erfüllt sind, sind wir glücklich.

Der gewöhnliche Mechanismus unseres Verstandes lässt uns die Schlussfolgerung ziehen: „Ich werde am Glücklichsein gehindert, weil dieser Mensch mir Leiden verursacht." Und dann: „Ich kann keine Liebe für einen Menschen empfinden, der mir Leid zugefügt hat." Wenn ihr wollt, dass das Verhalten dieses Menschen eure Glückseligkeit nicht mehr beeinträchtigen kann, müsst ihr ihn ohne Vorbehalt sehen, damit eure Liebe für ihn nicht erschüttert wird. Ihr könnt nicht in der Glückseligkeit, nach der ihr euch sehnt, verweilen und gleichzeitig ein Gefühl von Nicht-Liebe für wen auch immer aufrecht erhalten. Das ist unmöglich. Dieser Weg stellt das übliche Funktionieren von „das mag ich, das mag ich nicht" in Frage. Es ist sehr einfach, sehr klar, aber äußerst ungewöhnlich für unsere übliche Funktionsweise.

Ich stelle euch nun eine Frage zu einem menschlichen Verhalten, das für andere, für Kinder, auf grausame Weise traumatisierend ist: Die Pädophilie. „Liebt ihr Pädophile?" – Sicher nicht! Ihr irrt euch. Wir müssen dahin kommen, dieselbe Liebe für den Peiniger wie für das Opfer zu empfinden (ich habe nicht gesagt, und das möchte ich betonen, dass lieben heißt, etwas zu billigen). Es ist eine der Wahrheiten, die in allen spirituellen Lehren am eindeutigsten betont wird und gleichzeitig am schwersten zu verstehen ist. Für viele Menschen ist die Vorstellung unerträglich, Liebe für die Peiniger, die Ungeheuer zu empfinden. Und dennoch kann es nicht anders sein: In Glückseligkeit zu sein bedeutet, in Liebe zu sein, und in Liebe zu sein bedeutet, in Glückseligkeit zu sein.

Bemüht euch in der festen Absicht, dorthin zu gelangen. Macht daraus nicht etwas Unmögliches. Wenn euer Verständnis und eure Überzeugung klar sind, wenn ihr alle „ja, aber …", alle Einwände und Zweifel ausgeräumt habt, wenn ihr nicht mehr fühlt: „Buddha hat gesagt" oder „Jesus hat gesagt", sondern „das ist jetzt meine persönliche Überzeugung, das ist es, wonach ich strebe", dann erreicht ihr es viel schneller als ihr glaubt.

Ich betone: Es ist in eurem eigenen Interesse. Es bedeutet nicht: „Ich muss mich für die anderen opfern"; manchmal schon, da opfern wir unseren Egoismus dem Glück der anderen. Es gibt Menschen, die überhaupt nicht von sich sagen, sie seien auf einem spirituellen Weg, und die viel weniger egoistisch sind als Menschen, die täglich eine Stunde meditieren. Die vollkommene Liebe ist noch jenseits dieses Aspektes von Nicht-Egoismus und Großzügigkeit. Sie ist ein beständiger innerer Zustand.

Ihr beobachtet, ohne euch sofort zu verurteilen, alles, was diesen Zustand beeinträchtigt, das heißt alle Erscheinungsformen der Nicht-Liebe, der Ablehnung, der Rachsucht, der Verurteilung, der Geringschätzung. Ihr seht und erkennt: „Sie tut mir weh und ich bin ihr böse, aber ich will in der Liebe bleiben.“ Berühmte Worte Jesu: „Vergebt denen, die euch beleidigen, liebt eure Feinde, betet für die, die euch verfolgen, segnet die, die euch verfluchen“, erinnern fast Wort für Wort an das, was Buddha gesagt hat. Sicher werden euch Vergebung und Segnen nicht an dem Versuch hindern, Kinder vor Pädophilen zu schützen, aber immer auf der Grundlage von Mitgefühl.

Unsere heutige Gesellschaft kehrt diesem Ideal der Feindesliebe radikal den Rücken zu. Medien verurteilen schonungslos alles, was der öffentlichen Meinung entgegensteht oder was der Journalist persönlich nicht schätzt. Die Nicht-Liebe herrscht unter den Menschen, und alle leiden darunter, jene, die verurteilen und jene, die verurteilt werden. Aber verlangt von euch nicht mehr als euch heute möglich ist, sonst scheitert ihr, seid euch selbst böse und euer Mangel an Liebe beginnt mit dem Mangel an Selbstliebe. Denn wenn auch noch die schreckliche Nicht-Liebe für sich selbst hinzukommt: „Ich war gerade völlig lächerlich“ oder „Es fehlt mir vollkommen an Herz“, dann hassen wir uns umgehend selbst in diesem Moment. Denn indem ich mich so aufführte, war ich der Feind meiner selbst, meines eigenen stolzen Egos. Man sollte im Frieden und im Mitgefühl auch gegenüber sich selbst sein, mit all unseren Schwächen, unserer Kindlichkeit, unseren krankhaften Gedanken: Wir sehen, wir erkennen, wir billigen es nicht, aber wir bleiben zuverlässig in der Liebe, was genau dasselbe bedeutet wie in der Glückseligkeit verankert zu sein.

Achtet darauf, was euch heute im Verlauf des Tages aus diesem Zustand herausreißt, was euch in das Spiel der Polaritäten und der Gegensätze zurück zieht: Ich mag diese Art Menschen, ich mag jene Art Menschen nicht. Ich mag diesen Menschen, wenn er sich auf bestimmte Art und Weise verhält, wenn er sich anders verhält, mag ich ihn nicht." Seht, was euch daran hindert, dauerhaft in der Liebe zu bleiben. Das ist möglich, aber dafür müssen wir bestimmte Gewohnheiten zwanghafter Gefühlsreaktionen ändern. Sicherlich werden jene davon profitieren, denen wir nun eher wohlwollende als feindliche Gedanken schicken. Sicher werden auch jene davon profitieren, denen wir nun eher mit Liebe als mit Zorn begegnen. Aber am meisten profitieren wir zunächst einmal selbst davon. Denkt über diese uralten Gedanken nach und prüft, ob ihr Einwände habt. Diese sind normal, wenngleich gewisse Wahrheiten seit Jahrtausenden einstimmig von den Weisheitslehren anerkannt werden. Tatsächlich ist es Swamiji immer gelungen, mich zu überzeugen, indem er mir half, selbst zu prüfen, selbst einzusehen.

❧

Die größten Wahrheiten sind also dem Evangelium und dem Buddhismus gemeinsam, vor allem „Vergebt denen, die euch beleidigt haben", „Segnet, die euch verfluchen". Den ganzen Tag über haben wir Gelegenheit, eine solche Lehre anzuwenden. Um uns herum gibt es Menschen, die uns böse sind, Menschen, die uns schaden: Man kann sich von seinem Schwager verfolgt fühlen, von seinem Nachbarn oder sogar von seinem Ehemann. Kehrt also unablässig zu dieser Grundwahrheit zurück: Die Aufteilung des Lebens in zwei Aspekte, einen freundlichen und einen unfreundlichen. Ein Lächeln ist Teil des freundlichen Aspektes, das heißt es ist beruhigend, bereichernd. Aber sollte die Batterie leer sein und der Wecker nicht zu der Zeit klingeln, zu der ihr aufgeweckt werden wolltet, wird das Leben geradezu unfreundlich: Der Wecker hat mich im Stich gelassen. Ich hätte um sieben aufstehen sollen, um das Flugzeug zu erreichen und ich wache um Viertel nach acht auf. Was wird nun aus mir? Fragt euch bei jedem Vorfall: Welche Wirkung hat das auf mich? Empfinde ich es eher als freundlich oder als unfreundlich?

„Liebt eure Feinde" beinhaltet auch: Ändert ganz und gar eure Haltung gegenüber dem unfreundlichen Aspekt des Lebens. Immer, auch wenn es gar nicht so schlimm ist. Jemand hat etwas gesagt oder getan, was euch ärgert, das ist der feindliche Aspekt des Lebens. Da es sich um banale und häufig vorkommende Ärgernisse handelt, sehen wir den Zusammenhang zwischen diesem undankbaren Aspekt im Alltag und den großen Worten der Vergebung und der Liebe, die vom Evangelium und von Buddha vertreten werden, nicht. Dennoch betreffen sie auch diese alltäglichen Fälle, und wenn ihr es nicht fertigbringt, sie in diesen relativ harmlosen Umständen anzuwenden, wie könnt ihr dann hoffen, sie unter wirklich schwierigen Umständen in die Tat umzusetzen, in denen der grausame

Aspekt des Lebens euch, möglicherweise durch einen Menschen, großen Schmerz zufügt? Seid sehr wachsam gegenüber dem Mangel an Neutralität und gegenüber Beurteilungen: Gute Nachricht, schlechte Nachricht, das Verhalten des einen, das mir gut gefällt, das Verhalten irgendeines anderen, das mir nicht gut gefällt. *Alles, was den unfreundlichen Aspekt des Lebens ausmacht, und sei es noch so klein, auch wenn es euch nicht zerreißt oder erschüttert, ist der „Feind". Der „Feind" ist alles, was ich in diesem Moment nicht mag: Ich hätte es gern anders gehabt.* Und gerade in diesen Momenten sollte man die Gelegenheit zum Üben nicht verpassen. Versucht, Gedanken der Liebe für die lästige Situation oder den Menschen, der euch ärgert, zu empfinden. Diese Umkehrung, diese Umwandlung steht euch immer zur Verfügung.

Ihr seid jemandem böse? Beschließt – und das ist schon die Haltung des Schülers – „Ich versuche sein Verhalten zu verstehen", aber ihr könnt sein Verhalten nicht ohne diese Haltung der Umkehrung verstehen. Das müsst ihr selbst überprüfen, ihr müsst damit einverstanden sein und es versuchen. Sonst seid ihr in zwanzig Jahren enttäuscht, dass ihr keine größeren Fortschritte gemacht habt. In diesen Zusammenhang gehört die Übung *tonglen*, die von tibetischen Meistern gelehrt wird und darin besteht, schwarzes Licht einzuatmen, das das ganze Leiden und den ganzen Wahnsinn der Welt, für die ich mich öffne, darstellt, und weißes Licht auszuatmen, das Segen, Liebe und alle lichtvollen Aspekte der Wirklichkeit repräsentiert. Könnt ihr, ganz konkret eure Haltung gegenüber „dem Feind“, dem unfreundlichen Aspekt des Lebens genauso umkehren? Es ist praktisch genau dort, wo die Partie gespielt wird. Jemand hat euch schlecht behandelt oder ist dabei, euch schlecht zu behandeln. Er behandelt euch schlecht, weil er versucht, seinem eigenen Leiden zu entkommen. Er behandelt euch schlecht und ihr seid ihm deshalb böse, aber ihr versucht, die Situation umzukehren. Der Buddhismus lehrt es uns: Das Heilmittel ist der Wunsch, dass alle Wesen glücklich sein mögen. Das klingt zunächst ziemlich theoretisch und wir können noch nicht sehen, wie man das in die Tat umsetzen kann. Und dennoch könnt ihr euch umerziehen, wenn die Entscheidung, dorthin zu gelangen, in euch reift.

Jemand hat etwas getan, was euch ärgert, das ist alles. Aber der Verstand beginnt zu „denken“: „Warum hat er das getan, warum hat er das gesagt? Ach, das hätte ich jetzt wirklich nicht gebraucht, wo alles sowieso schon so schwierig ist. Wird es denn niemals soweit kommen, dass es nur noch günstige Gelegenheiten und erfreuliche Nachrichten gibt?“ Nein, dieser Moment wird niemals kommen. Was kommen wird ist eure Transformation. Erinnert euch also daran: Nur weil ich diesem Menschen böse bin, bin ich schon im Irrtum. Als Schüler des Weges kann ich es nicht mehr rechtfertigen, jemandem böse zu sein, ich weiß jetzt, dass ich mich irre. Dieser Mensch ist mir feindlich gesinnt oder er ist einfach mein „Feind“, weil er, ohne mir Böses zu wollen, unbedacht gehandelt hat: „Warum hat er mich angerufen? Jetzt muss ich ihm schreiben, um das Missverständnis aus der Welt zu schaffen." In diesem Moment solltet ihr die Gelegenheit nicht verpassen, eure Haltung umzukehren, euch zu erinnern: „Liebt eure Feinde", liebt den unfreundlichen Aspekt des Lebens. „Liebt, was ihr nicht liebt", wie Gurdjieff es ausdrückt. Liebt den Regen an dem Tag, an dem ihr schönes Wetter haben wolltet. Das ist ganz einfach, aber man muss sich daran erinnern und die innere Haltung einnehmen, die eine ungeheure Wirkung haben wird. Ihr werdet eine Transformation durchmachen und auch eure Wahrnehmung des Lebens wird sich völlig verändern. Das Wort „Feind" wird aus eurem Wortschatz verschwinden.

Findet konkrete alltägliche Beispiele. Zunächst einmal scheint „Liebt eure Feinde" nur seltene und besonders schlimme Umstände zu betreffen: Die Israelis könnten vielleicht den Palästinensern Gedanken voller Liebe schicken und die Palästinenser könnten es umgekehrt genauso mit den Israelis machen. Aber ihr selbst, wem schickt ihr Gedanken voller Liebe? Wer sind eure Feinde? Vielleicht einfach jene, die eure politischen Ansichten nicht teilen, denn das ist der unfreundliche Aspekt des Lebens: Es gibt Menschen, die den Kandidaten wählen, den ihr nicht ausstehen könnt. Eigentlich haben wir immerfort diese Gelegenheit. Wenn ihr überzeugt seid, werdet ihr es anwenden. Und plötzlich hat „der andere" in eurem Geist den Vorrang vor „mir".

Wenn jemand etwas tut, das euch verletzt, seid ihr es, die davon betroffen sind. Letztendlich seid ihr es, die den Ärger haben, selbst wenn die andere Person euch sehr schlecht behandelt hat. Wollt ihr voller Ärger und Sorgen, in einem Wort, unglücklich bleiben? Ja oder nein? Wenn ihr nicht an eurem Unglück festhalten wollt, *dann beschließt, diesem Menschen fortan nicht mehr die Macht einzuräumen, die sein Verhalten heute auf euch ausübt.* In welcher wenn auch noch so schlimmen Situation ihr euch befinden mögt, es ist niemals ein Grund, vom Göttlichen in euch getrennt zu sein. Ein Luftzug kann Grund dafür sein, dass ihr euch eine Erkältung oder einen Schnupfen holt. Wenn es regnet, ist das der Grund dafür, dass ihr nass werdet. Aber nicht einmal das Schlimmste ist ein Grund zu leiden. Es handelt sich um zwei verschiedene Wirklichkeitsebenen. Das Schlimmste, was im Film passiert, ist niemals ein Grund dafür, dass der Bildschirm kaputt geht. Könntet ihr das doch einsehen und im Gedächtnis behalten. Fühle ich mich in diesem Moment eins mit dem vollkommenen Frieden in mir, mit dem Vertrauen, der Freude, dem Mitgefühl? Nicht? Dann bin ich im Irrtum. Aber macht euch keine Vorwürfe. Wenn ich sage: „Ich bin im Irrtum", ist das eine glückliche Formulierung, da die Tatsache, unglücklich zu sein, an euch liegt. Hierin liegt also eure große Hoffnung: Es geht darum, euren Irrtum zu erkennen, und ihr werdet frei sein von eurem Leiden. Seht es ausschließlich positiv, wie einen Schlüssel für Veränderung.

Da ist das Ereignis und da ist der Mensch: Wir können deswegen auf den Menschen böse sein, aber nicht nur auf seine Handlung. Und wenn wir deswegen jemandem böse sind, befinden wir uns zu unserem Nachteil im Irrtum. *Ich setze mich nicht dafür ein, dass ihr dem Menschen vergebt; ich setze mich für den Frieden in eurem eigenen Herzen ein.* Es wird der Tag kommen, an dem eure Einsicht so groß ist, dass ihr keine Sekunde mehr daran denken werdet, diesen Menschen zu verdammen, also euch selbst Schaden zuzufügen. Wenn ihr jetzt glücklich sein wollt, müsst ihr darauf verzichten, ihm böse zu sein. Und wenn ihr die Situation umkehren könnt – das Heilmittel, wie die Buddhisten sagen – und diesem Menschen Gedanken voller Liebe schickt, ihn segnet, dann ist das ganz zu eurem eigenen Vorteil. Ärgernisse, Verdruss, Enttäuschungen sind unser täglich Brot; wir sind einem Menschen ausgeliefert, der uns Unrecht getan hat, aber letztlich sind wir die Betroffenen.

Es gibt also etwas sehr Wesentliches zu verstehen, nämlich diese Umkehrung, diese Verwandlung (griech.: *metanoïa*) unserer Haltung in dem Augenblick, in dem eine Situation sich als unangenehmer Aspekt des Lebens erweist. Wenn es sich nur um Regen handelt – ich bin dem Regen böse, weil an dem Tag ein großes Picknick in der Sonne vorgesehen war – so ist das nicht derselbe Mechanismus wie gegenüber einem Menschen, denn in Bezug auf den Menschen gibt es diesen Hintergrund: Er (oder sie) hätte das nicht tun müssen. Der Versuch, das Warum des Verhaltens anderer zu verstehen, ist schon wichtig, aber es ist nicht immer möglich. Anders herum wird die wahre Freiheit morgen nicht zugänglicher, wenn sie es jetzt nicht ist. Wenn ich der Meinung bin, dass ich meine Haltung jetzt nicht ändern kann, warum sollte das in einem Jahr eher möglich sein? Jetzt, in diesem Moment, steht das Wichtigste auf dem Spiel, dass ihr in eurem eigenen Interesse einem anderen nicht mehr die Macht einräumt, euch das Leben oder jedenfalls den Tag zu verderben. Die einzige Chance, frei zu sein, ist diese Liebe zu euren „Feinden".

„Aber wann hört das auf?" Es hört dann auf, wenn ihr euch ändert. Die Welt dreht sich weiter, aber sie hat ihre Macht verloren, euch aus dem Gleichgewicht zu bringen. Diese Aussagen erscheinen wirklich unglaublich: „Aber ich kann ein negatives Gefühl gegenüber einem Menschen doch nicht in Liebe für ihn verwandeln!" Doch, indem du, inspiriert durch die Worte Buddhas, des Evangeliums oder Swamiji Prajnanpads gewisse innere Schaltkreise veränderst. Und wenn *eine* Situation ihre Macht verliert, dich zu ärgern, dann öffnet sich der Weg dafür, dass eines Tages überhaupt keine Situation mehr deinen inneren Frieden stören kann. Was immer euch geschieht ist niemals ein Grund dafür, dass ihr euch von diesem tiefen Frieden getrennt fühlt, von dem so viel die Rede ist. Wenn ich meinen Frieden verliere, so liegt das an mir. Was soll ich noch sagen? Ich habe es oft genug wiederholt: Mensch zu sein gibt uns das Recht auf diesen Frieden. Aber es besteht ständig die Gefahr, dass irgendetwas ihn stört. Findet eure eigenen Beispiele, es gibt tagtäglich genug davon. Wenn ihr euch die Gelegenheiten nicht entgehen lasst, werdet ihr ungeheure Fortschritte feststellen, mehr als in fünfzehn Jahren ungeschickter

Praxis. In einigen Wochen werdet ihr entdecken, dass ihr die Macht habt, eure Sicht der Dinge vollständig zu ändern. Der erste Gedanke, der euch dann in den Sinn kommt, ist: „In der Liebe bleiben" und nicht mehr „Was für ein Idiot" oder sogar „Was für ein Arschloch!". Euer Verstand wird einsehen, dass dies unwiderlegbar ist, dass dies eure einzige Chance ist, euch zu befreien, eure Sicht der Dinge vollkommen zu verändern, euch auf eine andere Seinsebene zu erheben. Ihr werdet in der „Nicht-Dualität" völlig eins sein mit dem Menschen, der früher der Grund, wenn nicht für euer großes Leiden, so doch für euren Ärger gewesen sein könnte. Einer der Schlüssel, den uns Swamiji gegeben hat, ist die Frage: Worin besteht *sein* Leiden – nicht meins, sondern seins? Denn jede Handlung, die nicht von Liebe und Güte inspiriert ist, ist von Leiden oder Angst motiviert.

Entdeckt für euch selbst diese grundlegende innere Haltung, die der gewöhnlichen Erfahrung so entgegengesetzt ist. Die übliche Erfahrung besteht aus einer automatischen Reaktion: Ich bin denen dankbar, die in mir glückliche Gefühle auslösen und jenen böse, die irgendein schmerzhaftes Gefühl in mir hervorrufen. Es ist das Außen, der „andere", der euch ganz nach seinem Belieben eure innere Verfassung aufzwingt.

Ihr werdet die Macht der Trägheit eurer Gewohnheiten und die Selbstverständlichkeit eurer automatischen

Reaktionen anführen, aber was wollt ihr? Da ist etwas Selbstverständliches, aber ihr seht, dass es euch schadet. Der Weg verlangt von uns viel Entschlossenheit, echte Entscheidungen und ein bisschen Mut. Es ist nicht nur am Psychotherapeuten oder am Guru, ein Wunder zu bewirken. Ich sehe, dass ich untergehe, will ich noch tiefer sinken? Nein. Gut, dann höre ich also damit auf. Ihr werdet vielleicht nicht immer sofort aufhören, aber wenn ihr beschließt, den automatischen Ablauf zu beenden, wird sich plötzlich herauskristallisieren: Es ist genug, ich höre auf damit. Ihr werdet noch manches Mal abstürzen, ohne dass es gleich zu einem Rückfall wird. Wesentlich ist die Entscheidung: Ich will nicht länger festsitzen, ich will nicht mehr leiden. Da ist Leiden? Was geschieht da in mir? Was kann ich ändern? Solange ich einem anderen böse bin, leide ich. Und ich kehre meine Haltung um in die Liebe zu meinen Feinden, vorübergehenden Feinden, aber für das Ego ist es einfach nur „der Feind". Und wenn der Feind in euch selbst steckt, liebt diesen Feind, vergebt euch eure Schwächen, habt Mitgefühl mit euch selbst. Ja, „der Feind" ist auch in uns.

Wenn euch das Leben mal glücklich und mal unglücklich macht, euch grundsätzlich niemals die vollkommene Sicherheit, den vollkommenen Frieden, die vollkommene Freude bringt, dann deshalb, weil im Hintergrund immer die Angst lauert: Was könnte auf mich zukommen, was könnte mir passieren? Es gibt keinerlei Garantie für die Zukunft. Eure Situation ist frustrierend, nicht glücklich – „die Welt ist ein Tal der Tränen". Selbst wenn es sehr freudvolle Momente gibt, ist das Leben grundsätzlich enttäuschend, weil wir schließlich doch altern und sterben; man kann auf nichts zählen, was uns so wertvoll war, ist plötzlich dahin. Wenn euer Leiden wirklich von anderen und den Umständen abhängen würde, gäbe es keinen Ausweg. Ihr werdet niemals andere dazu bewegen können, immer zu euren Diensten zu sein und die ganze Welt veranlassen, sich wie eine Satellitenschar um euch zu drehen, all eure Wünsche zu erfüllen und euch überhaupt keinen Ärger zu bereiten. Auf dieser Ebene ist das eine Sackgasse.

Wenn man uns hingegen zeigt, dass unser Leiden nicht von anderen abhängt, sondern von uns selbst, keimt eine große Hoffnung auf. Sicher könnt ihr das auch falsch verstehen: „Und dann ist es auch noch mein Fehler! Ich bin schuld." Schuld, nein. Aber im Irrtum schon. Und es ist eure einzige Chance auf Rettung! Wenn alles der Fehler des anderen ist, gebt jede Hoffnung auf. Wenn es nicht eure Probleme mit eurem Sohn sind, dann sind es eure Probleme mit eurem Chef, mit eurem Nachbarn oder einfach mit jemandem, den ihr gern mögt, der aber eure Absicht falsch verstanden hat, und schon ist euch der ganze Tag verdorben.

Nur in euch selbst könnt ihr etwas ändern, und diese innere Revolution krempelt eure Lebenseinstellung völlig um. Sie wird euch endlich erlauben, mit der unveränderlichen Tiefe in euch in Kontakt zu treten und euch darin zu verankern. Aber dafür müsst ihr den Mechanismus in den kleinen Ärgernissen genau verstehen. In so einer Situation hat jemand die Rolle des „Feindes“ übernommen. Er hat euch eures gelassenen Zustands beraubt. Wie versucht ihr nun, euren vollkommenen Frieden zurückzugewinnen? Ihr müsst eure innere Beziehung zu dem Menschen ändern, der für euch der Auslöser für eure Verstimmung, für eure Enttäuschung, für irgendein Gefühl von Schmerz ist. Da ja der andere mit seinem Verhalten die Ursache eures Leidens zu sein scheint, müsst ihr eure innere Beziehung zu ihm umwandeln. Das ist das Geheimnis, das uns alle Weisen nahe legen: Kehrt die Situation um, damit ihr wieder mit dem Unveränderlichen in euch eins seid.

„Vergebt euren Schuldigern“, das sind die bekanntesten Worte Jesu, weil sie Teil des ‚*Vater unser*‘ sind. Wenn ich wirklich denen vergebe, die mich beleidigt haben, kehre ich die Situation augenblicklich um. Ich fühle mich sofort mit Gott eins, fühle mich in der Gnade. Es hängt von euch ab. „Öffne deinen Regenschirm. – Nein. Ich will nicht nass werden, aber ich öffne meinen Regenschirm nicht.“ Unser Irrtum ist ebenso abwegig. Ihr wollt nicht, dass dieser Mensch für euch zur Ursache von Leiden wird. Wollt ihr ein radikales Mittel? Empfindet Liebe für ihn. „Was? Für dieses Arschloch? Ich soll ihn auch noch lieben? Niemals! Das fehlte gerade noch! Ach! Mach‘ mich nicht lachen!“ Trotzdem übermittle ich euch das Geheimnis, das einzige Geheimnis, das für alle Situationen gilt.

„Es liegt also an euch", aber was in euch ist (Gefühle, Gedanken) hängt vom anderen ab. Wir sind uns einig, dass das Gefühl in euch ist und auch die Reaktion darauf, aber der andere hat euch verletzt. Ihr könnt den anderen nicht außen vor lassen. Daher müsst ihr, um etwas in euch zu ändern, etwas an eurer Beziehung zum anderen ändern. *Das, was ihr in euch umwandelt, ist die Art der Beziehung zum anderen.* Anstatt ihm böse zu sein, seid so kühn, euch an euer Ziel und an den Weg zu diesem höchsten Ziel zu erinnern. In euch müsst ihr etwas ändern, was eure Beziehung zum anderen betrifft, da ja gerade der andere als Ursache eures Leidens herhalten muss. Es gibt für euch keine andere Rettungsmöglichkeit als diese Umkehr. Ich öffne mich für die Negativität des anderen mir gegenüber. Vielleicht ist das, was der andere getan hat, nicht speziell gegen euch gerichtet, aber er hat dennoch ein Problem verursacht, zum Beispiel indem er jemandem, den ihr gern habt, geschadet hat oder indem er sich in den Lauf der Dinge, die nur euch angehen, eingemischt hat.

Seit unserer frühen Kindheit sind wir Maschinen, die automatisch reagieren. All jene, die von sich behaupten, auf dem Weg zu sein, sind sich darin einig: Wir müssen in uns etwas ändern, etwas verwandeln. Aber ich möchte noch einmal präzisieren, dass dieses Etwas, das wir in uns transformieren müssen, die Umwandlung eurer „dualen" Beziehung mit dem Nicht-Ich und vor allem mit dem schrecklichen „Feind" einbezieht, indem ihr euch daran erinnert, dass der Feind all das ist, was euch täglich erschüttert, ärgert, verletzt, enttäuscht und euch das Leben verdirbt. Verliert keinen Augenblick mehr damit, euch in eurem Leiden zu suhlen. Ihr kennt das Geheimnis, den Schlüssel, um aus diesem Leiden auszusteigen: Die Umkehr, das Verzeihen, das Einssein.

Um ans andere Ufer zu gelangen, genügt es nicht, Loblieder auf die Liebe zu singen und den zu recht berühmten Text von Paulus zu zitieren, der mit der Zeile endet: „die Liebe höret nimmer auf". Ich war und werde immer berührt davon sein, wie die Weisen, denen ich begegnete, Güte, Zartheit und Feinheit verkörperten und konkrete Hilfen anboten, welcher Tradition sie auch angehörten. Zu oft endet unsere Annäherung wieder in der Egozentrik: Meine spirituelle Praxis, meine Übung, mein „egofreier Zustand", meine Erfahrungen von Überbewusstsein. Ganz zu schweigen vom metaphysischen Standpunkt, der die Dualität leugnet, also die andere Realität, also die Realität eines anderen, der Hilfe braucht. Einem kleinen Mädchen, das wissen wollte, ob Swami Prajnanpad „Kräfte" besäße (mehr oder weniger Zauberkräfte), antwortete er: *„Infinite love, infinite patience"* – unendliche Liebe, unendliche Geduld. Und mit ganz konkreten Zeugnissen dieser absoluten Liebe begeben wir uns mitten in das Relative. Um wirksam zu sein, muss die ausgedrückte Liebe von Intelligenz und Reflexion erhellt werden.

In den deutschen Übersetzungen der Bibel taucht der griechische Begriff für „geschickt“ oft in verschiedenen Formen auf: weise, besonnen, vorsichtig, verständig. Jesus selbst bedauert, dass die „Kinder des Lichts nicht so geschickt seien, wie die Kinder des Jahrhunderts“. Lieben, und diese Liebe konkret umzusetzen, erfordert tatsächlich viel Geschick. Dazu möchte ich eine Aussage von Swami Prajnanpad zitieren, die zunächst sehr überraschend klingt: *„Liebe ist Berechnung“* (lieben heißt rechnen). „Ach nein! Wenn es einen Bereich gibt, in dem man nicht rechnen sollte, ein Gebiet, das jenseits jeder Bemessung liegt, ist das doch wohl die Liebe!“ Das ist die erste Reaktion, die sich aufdrängt.

Was verstand Swamiji also darunter? Es geht nicht um Addieren, Subtrahieren und Quadratwurzelziehen. Es handelt sich viel mehr um eine Liebe, die nicht mehr sentimental ist sondern objektiv, bei der es um „sehen“ geht und nicht darum, subjektiv zu „denken“, je nach unserem Geschmack und unseren Vorlieben. Verwechseln wir nicht die authentische Liebe mit der Faszination. Bewusste Liebe besteht darin, dass wir unsere Handlungen – alle unsere Handlungen – so bewusst wie möglich einsetzen. *„Love is calculation“* bedeutet: Was ist zum Wohle des Menschen, von dem ich sage, dass ich ihn liebe? Was trägt meine Handlung zu seinem Frieden, seiner Entspannung und seinem Selbstvertrauen bei? Unser Handeln entspringt dem Gefühl des Wohlwollens: Das Gute für den anderen wollen. Und da die Liebe aus dem Einssein mit ihm geboren wurde, verlangt sie von uns, viel intelligenter zu sein, als wir es normalerweise sind. Wenn deine Frau alle Blumen außer Tulpen mag, und du das immer wieder vergisst und ihr bei jeder Gelegenheit einen Strauß Tulpen schenkst, dann ist deine Rechnung sicher falsch.

Ihr müsst verstehen, wie man den Verstand mit dem Gefühl verbindet. Aus dieser Perspektive wird „*Love is calculation*" deutlich. Ob es euch schockiert oder nicht, es ist die Wahrheit. Es gibt ein Konzept von Liebe: „Ach, ich liebe meine Kinder so sehr!" Aber welche Berechnung stelle ich zu ihren Gunsten an? Wenn ich dies mache, was ist das Ergebnis? Und wenn ich eher das mache, was kommt dabei heraus? Nach und nach bringen wir viel mehr Klarheit in den Ausdruck unserer Liebesbekundungen gegenüber unseren Kindern, unseren alten Eltern, unserer Frau oder unserem Mann, jenen, denen wir uns am nächsten fühlen. Berechnen heißt also, messbare Mengen hervorzubringen.

Dabei haben wir drei Budgets zu verwalten. Zunächst unser Finanzbudget: Welchen Teil wird die Liebe, die Offenheit des Herzens, das Mitgefühl bei der Verwaltung meiner Finanzen einnehmen? Das ist sehr einfach. Gewisse steinreiche Inder – ich habe einige gekannt – spenden jeden Monat nicht nur 10%, sondern 40% ihrer Mittel, um Bedürftige mit Nahrung zu versorgen. Aber wir haben noch zwei weitere begrenzte, also messbare Budgets zu verwalten: Unsere Zeit und unsere Energie. Das sind drei nicht unendliche Mengen. Die Liebe kann unendlich sein, aber die Zeit nicht. Selbst ein Weiser hat nur 24 Stunden am Tag zur Verfügung. Wie könnt ihr mit eurer Zeit, eurer Energie und natürlich eurem Geld haushalten? All das ist Berechnung. Eine spirituelle Lehre hat nicht das Ziel, euch das Leben kompliziert zu machen, sondern es zu vereinfachen. Versteht das nicht so: „Ach! Wenn man die ganze Zeit rechnen muss, ist das mühsam!" Seht es eher so: „Wenn ich mehr Geld verdiene, kann ich meinen Kindern noch mehr helfen, ihnen eine Reise finanzieren ... Ja, aber um mehr Geld zu verdienen, muss ich mehr arbeiten oder eine besser bezahlte, dafür aber anspruchsvollere Stelle finden, dann werde ich weniger Zeit mit meiner Familie verbringen können." All das ist Teil von „*love is calculation*". Was ist für eure Kinder das Wertvollste, Zeit oder Geld? Man hat festgestellt, dass Kinder, die von ihrem Vater mit Geschenken überhäuft wurden – du willst ein Moped, ich schenke es dir, du willst ein Cabriolet, ich kaufe es dir – sich nie wirklich so erfüllt fühlten wie Kinder, deren Vater sicher nicht diese Möglichkeiten hatte, der aber ihre Interessen teilte, ihre Musik mit ihnen anhörte, der sich für ihren Lieblingssport interessierte. Was uns wirklich bereichert, ist nicht unbedingt finanzieller Natur. Wir fühlen uns viel eher bereichert, wenn wir etwas Interessantes gelesen, etwas Schönes gesehen oder etwas Wichtiges verstanden haben.

Die Verwaltung unserer drei Budgets bezieht die anderen ein, aber sie schließt auch uns selbst mit ein. Wie bekomme ich zum Beispiel das, was ich mir persönlich wünsche? Welche Prioritäten setzt ihr, um die Nahrung an Eindrücken zu bekommen, die ihr heute braucht? Ein Erwachsener braucht keine kleinen Plastiklaster mehr, die er mit ein bisschen Sand befüllt und die ein Kind begeistern. Rechnet aber auch das mit ein, was in euch an Güte, Mitgefühl und Wohlwollen wächst: Wie ich selbst können auch andere leiden, und es ist hart zu leiden, ich weiß. Nach und nach entwickeln wir uns von „nur ich“ zu „ich und die anderen“, und schließlich zu „die anderen und ich“. Das spirituelle Leben besteht aus all den Wundern, die geschehen, wenn wir beginnen, das Interesse der anderen vor unser eigenes zu stellen.

Ihr werdet feststellen, dass ihr zwar gewisse Berechnungen effizient durchführen könnt – vor allem, wenn ihr qualifizierte Buchhalter seid –, dass ihr hingegen bei der Verwaltung dieser drei messbaren und keineswegs unerschöpflichen Budgets viel weniger erfolgreich seid, so wie ein schlecht geführtes Unternehmen, das Grundstoffe für einen viel zu hohen Preis einkauft und seine Produkte verglichen mit dem Marktwert für einen viel zu niedrigen Preis verkauft. Berechnet mit der Nächstenliebe, die in euch zu wachsen beginnt, den Einsatz der drei Ressourcen viel aufmerksamer. Ja, berechnet eure Liebe immer mehr, auch wenn euch *„love is calculation“* auf den ersten Blick kalt und euren Vorstellungen entgegengesetzt zu sein scheint.

Dass diese Worte in uns Unwohlsein auslösen zeigt, wie sehr wir tatsächlich von all den Berechnungen des Egos durchdrungen sind, das unaufhörlich herausfinden will: Was bringt mir das? Das Ego kann nicht anders, als automatisch und zwanghaft zu kalkulieren. Was bringt es mir, wenn ich da hin gehe, und was verpasse ich, wenn ich da nicht hin gehe? Ich habe Lust, ich habe keine Lust. Welche Vorteile ziehe ich daraus, welchen Ärger handle ich mir damit ein? Das Ego rechnet sehr egoistisch von morgens bis abends. Und der Weg beginnt mit der klaren Erkenntnis unserer Egozentrik und unseres Egoismus.

Mir wurde damals klar, dass diese Worte *„love is calculation“ bei mir* voll ins Schwarze trafen, in die Wahrheit meines Egos, die auch nur aus Berechnung besteht. Es kann nicht anders, es ist ein reines Spiel von Reaktionen. Es kann sich irren, und es täuscht sich oft, aber es hört nicht auf die Lektionen, die ihm das Leben erteilt. Das Ego fordert, fordert, fordert: Tut mir nicht weh, verletzt mich nicht, schmeichelt mir. Und es fälscht seine Buchführung, indem es viel mehr das Negative als das Positive aufschreibt, mehr das, was ihm fehlt, als das, was es hat. Es mag noch so entrüstet sein: „Ich habe ein reines und edles Herz; die Liebe ist schön, ist selbstlos, und das Wort Berechnung besudelt die Liebe“, aber die Wahrheit bleibt: Du weißt ganz genau, dass du immer nur egoistisch kalkulierst.

Es geht also um eine völlig andere Berechnung. Sicherlich beinhaltet *„love“* auch die Selbstliebe: Man muss weder zum Masochisten werden, noch muss man denken, dass man auf dem Weg umso besser vorwärts kommt, je mehr man sich selbst frustriert, sich etwas versagt, sich quält. Denkt daran, dass es um Klarheit und Realismus geht, nicht um Idealismus. Aber die höchste Liebe kann jenseits des Messbaren sein, sie ist eines der drei unbegrenzten Gefühle: unendlicher Frieden, unendliches Mitgefühl und unendliche Freude. Je mehr Liebe ihr fühlt, desto wichtiger ist es zu wissen, was dies den anderen bringt, jenem ganz bestimmten Menschen oder den anderen im Allgemeinen. Fühlt euch, so sehr ihr könnt, solidarisch mit dem Leiden und der Hoffnung aller Menschen. Alle sind wie ich glücklich oder unglücklich, voller Freude oder Verzweiflung, alle, die Reichen und die Armen, die Mächtigen und die Ausgestoßenen, die Gläubigen und die Atheisten, die Furchtsamen und die Mutigen, die Bekannten und die Unbekannten, die Chinesen und die Schwarzen. Offenheit für die anderen und Mitgefühl stehen im Zentrum des Weges, aber wir sind schlechte Rechner. Unser Verstand greift ein und macht schlechte Buchhalter aus uns. Es geht aber um eine richtige Bewertung und Voraussicht.

Wenn ihr aber beschließt, von eurem persönlichen Altruismus aus richtig zu rechnen, geratet ihr in eine Sackgasse und seid weiterhin unsicher. Wenn ihr eine Rechenmaschine habt, erhaltet ihr ein korrektes Resultat; wenn das jemand überprüft, kommt er zum selben Ergebnis wie ihr und ihr wisst, dass eure Rechnung genau stimmt. Aber wenn es um die Liebe geht, was wird euch da bestätigen, dass eure Berechnung richtig ist? Wir landen wieder im Zweifel: „Ich bin nicht mehr sicher, ich habe meiner Tochter dies Geschenk gemacht und schon rechne ich nach. Und was ist mit dem Hunger in der Welt? Meiner Tochter fehlt es an nichts, und gleichzeitig sterben Menschen an Unterernährung. Ich habe mein Großzügigkeitsbudget schlecht bemessen."

Es gibt ein Kriterium, um diese Sackgasse zu vermeiden. Was lässt euch zu dem Schluss gelangen, dass eure Berechnung richtig ist? Ihr seid nicht mehr die verängstigten Kinder von damals, die betteln: Beschützt mich, gebt mir Sicherheit, liebt mich, weist mich nicht zurück, tut mir nicht weh. Ihr werdet immer erwachsener, freier, selbstständiger, und ihr seid nun in der Lage, bewusster und überlegter zu handeln und aus eurem kleinen Interessenkreis herauszutreten, andere mehr einzubeziehen, weiter zu werden. Aber ihr seid eurer Entscheidungen noch nicht ganz sicher, ihr zögert noch.

Es gibt nur ein einziges Kriterium: Was versetzt euch innerlich in Frieden, in den wahren Frieden hier und jetzt? Dieses Gefühl von Frieden sagt euch, wenn es ein starkes Gefühl ist, ob ihr richtig gerechnet habt. Wenn nicht, kann euch der Gedanke immer wieder einholen: Das hätte ich nicht ausgeben sollen, das war eine egoistische Ausgabe, das hätte ich nicht tun sollen. Oder: Ich habe zwar eine großzügige Summe ausgegeben, aber das tue ich immer nur für meine Familie und ich habe noch nie einen Cent für die Menschen ausgegeben, die in Somalia oder im Sudan an Hunger sterben, und auch nicht an karitative Organisationen gespendet, die dringend darum bitten, dass man ihnen Mittel zur Verfügung stellt, um Medikamente zu kaufen. Und da greift nun dieses erstaunliche Kriteritum, das zunächst einmal völlig egoistisch erscheint, das aber einzig und allein ausschlaggebend sein kann: Bin ich im Relativen vollständig in Frieden? Die Bedürftigkeit um uns herum ist so groß, dass wir nicht alle Obdachlosen in unserer Wohnung aufnehmen und nicht alle Hungerleidenden auf dem Planeten ernähren können. Fühle ich mich völlig im Frieden jetzt in diesem Augenblick? Nicht ganz? Dann ist deine Rechnung nicht ganz richtig. Ihr korrigiert sie: Nur ein Scheck mehr für Ärzte ohne Grenzen oder eine andere humanitäre Organisation und ihr tragt dazu bei, dass eine Mutter, die ihr Kind schon in ihren Armen sterben sah, Milchpulver für Babyfläschchen bekommt. Ihr habt nicht die ganze Welt gerettet, aber ihr seid wieder im Einklang mit euch und in Frieden, dem Frieden, der euch von allen spirituellen Lehren versprochen wird.

Heute braucht ihr vielleicht nichts weiter zu tun als euch für zwei Stunden auszuruhen, euch hinzulegen und zu entspannen. Das wird euch inneren Frieden bringen, weil ihr danach wieder besser in der Lage seid zu tun, was zu tun ist. Die Berechnungen der Liebe prägen das Netzwerk des Relativen, und es ist unmöglich, dasselbe Ergebnis für alle festzulegen, so wie in der Mathematik. Das Kriterium – sucht und ihr werdet herausfinden, dass es kein anderes gibt – ist der Frieden in Bezug auf das Selbstmanagement, das euch möglich ist. Was wird von euch verlangt? Nicht: Wozu habe ich Lust? Nicht einmal: Was halte ich für richtig? Denn auch hier kann unser Unterbewusstsein an die Oberfläche kommen und unsere Sicht vernebeln. Es gibt kein anderes Kriterium als diesen vollkommenen inneren Frieden. Ihr spürt, dass ihr noch den alten, einsamen Onkel anrufen solltet, um ihm zu zeigen, dass ihr ihn nicht vergessen habt. Ihr ruft ihn an, von ganzem Herzen, aber ihr seid immer noch nicht ganz zufrieden. Ihr schreibt einen Brief an einen Freund, der im Krankenhaus liegt, und seid völlig beruhigt. Dieses Gefühl ist vollkommen realistisch. Habt nicht das Verständnis: „Solange ihr nicht die ganze Welt gerettet habt, werdet ihr niemals in Frieden sein." Es geht um euren eigenen Frieden schon heute.

Nach und nach wird euch klar, dass das, was wir gemeinhin als Nicht-Egoismus bezeichnen, über den Egoismus siegen muss, damit ihr in Frieden leben könnt. Vielleicht müsst ihr hier und jetzt etwas für euch tun, indem ihr berücksichtigt, dass diese komplexe Maschine, die wir sind, pfleglich behandelt werden muss, und sei es, um anderen dienlich sein zu können. Aber der Frieden eures Herzens kann vollkommen sein im Relativen, *wenn ihr eure Energie nicht weiter egoistisch durch unnötige Gedanken und Gefühlsaufwallungen vergeudet.* Denn die Verwaltung der drei Budgets betrifft nicht nur die Energie eurer Vorhaben und Aktivitäten im alltäglichen Leben. Die wahre Verwaltung des Energiehaushaltes, ob wir die Energie nun für uns nutzen oder um das Leiden um uns herum zu verringern, betrifft nicht vor allem die Energie, die wir in unseren Handlungen im Außen verbrauchen – Sprechen verbraucht etwas Energie, eine Geste verbraucht etwas Energie –, sondern sie betrifft vor allem das innere Energiemanagement, den Kampf gegen die fruchtlose Energieverschwendung in Form von unnötigen Emotionen und Gedanken: „Man muss ...", „ich hätte ... sollen", „Warum hat er das gesagt?", „Das hätte es nicht gebraucht", „Was habe ich nur getan?", „Ich bin zu dumm!" Von uns wird verlangt, Energie zu sparen, Wasser zu sparen, wenn wir uns die Zähne putzen, das Licht nicht unnötig anzulassen und ein Auto mit geringerem Verbrauch zu fahren. Aber die schlimmste Energieverschwendung auf dem Erdenrund vollzieht sich in Form von mentalem Wiederkäuen, fruchtlosen Grübeleien, Gedanken und Emotionen! Das ist auch Teil der „Berechnung". Und ihr werdet entdecken, dass es in uns einen sehr schlechten Buchhalter gibt.

6

Kama, Eros und Libido

Das Thema der sexuellen Energie ist ein weites Feld. Es ist ein wichtiges Thema, das man ernst nehmen muss. Diese Kraft erfüllt uns alle immerfort, rund um die Uhr. Wir tragen sie von Geburt an in uns. Es ist die Bewegung des Lebens selbst. Alle unsere Gehirnzellen, Nervenzellen, Blutzellen, Gewebezellen usw. sind aus der Verschmelzung zweier Geschlechtszellen, einer Eizelle und einer Samenzelle, hervorgegangen. Die sexuelle Energie ist die Grundenergie der Schöpfung. Die gesamte Schöpfung, die die Hindus die Manifestation nennen, ist der Ausdruck sexueller Energie. Und das, was wir Menschen Sex oder Geschlechtstrieb nennen, ist nur ein Aspekt davon, ein angeborener Instinkt, der, genau so wie bei Pflanzen und Tieren, den Zielen der Natur dient, der Fortpflanzung. Es ist unvermeidlich, dass sich die menschliche Sexualität im Rahmen eines gemeinschaftlichen Lebens ausdrückt, das für Paare, Familien, Geburt und den Schutz der Kinder Regeln aufstellt. Es gab und gibt also in allen Gesellschaften Regeln unterschiedlicher Art, die nicht erlauben, sexuelle Energie total frei und spontan auszudrücken: Ein

Mann und eine Frau ziehen einander an und paaren sich. Das ist nicht so natürlich wie im Tierreich, und das solltet ihr so gut ihr könnt akzeptieren. Es ist ja so, dass jedermanns Verstand sich ebenso wie die allgemeine öffentliche Meinung massiv in diesen Bereich einmischt, und so wird das Einfache kompliziert.

Jedes Mal, wenn wir uns unvollständig fühlen oder frustriert sind und danach trachten, Vollständigkeit und Fülle außerhalb unserer selbst zu finden, ist das für uns, Männer wie Frauen, eine Äußerung von sexueller Energie. Ihr dürft sie nicht ausschließlich auf die Genitalfunktion begrenzen, obwohl das der naheliegende Aspekt ist. Jede Anziehung beruht immer auf sexueller Energie. Es ist eine interessante Feststellung, dass bestimmte Vorstellungen von Sigmund Freud, die erbarmungslos von seinen Zeitgenossen angegriffen wurden, nur das bestätigen, was schon die alten – vor allem die hinduistischen – Lehren sehr gut beschrieben haben. Ein großer Teil dessen, was Freud mit Libido bezeichnete und was in dem griechischen philosophischen Vokabular Eros genannt wurde, findet sich in dem Sanskrit-Begriff „*kama*" wieder, der „Verlangen" bedeutet und der für jede Art von Wünschen angewendet werden kann, selbst wenn man ihn vor allem auf die Sexualität bezieht. Das berühmte *Kama sutra*, das ein äußerst anschauliches Kapitel über die verschiedenen möglichen Stellungen beim Geschlechtsakt beinhaltet, ist eigentlich eine umfangreiche Abhandlung, die ehemals von einem sehr großen Weisen über das allgemeine

Thema der Vereinigung von Mann und Frau verfasst worden ist.

Wenn wir unsere Erfüllung – mir fehlt nichts – nicht in uns selbst finden, dann suchen wir sie im Außen, in der Begegnung und der Vereinigung mit einer wie auch immer gearteten Wirklichkeit, die wir als außerhalb von uns selbst empfinden, in der Dualität von Subjekt (ich) und Objekt (was auch immer das für ein „anders als ich" sein mag, mit dem ich in Beziehung treten kann). Die gesamte relative Wirklichkeit ist ein Gleichgewicht zwischen Anziehung (oder Verlockung) und Abstoßung. Wir sehnen uns nach Vereinigung. Derjenige, der sich für die Seefahrt begeistert und mit seinem kleinen Segelboot auf das Meer hinausfährt, sobald er einen freien Moment hat, wird von sexueller Energie angetrieben. Er vereinigt sich nicht mit einer Frau, sondern mit dem Meer. Die Leidenschaft für die Berge ist ebenso eine Manifestation von sexueller Energie: Der Bergsteiger hat das Bedürfnis nach einer Begegnung mit den Gipfeln. Die sexuelle Grundenergie in uns kann sich also auf unterschiedliche Art ausdrücken und nicht ausschließlich in Form von Beziehungen oder einer physischen Vereinigung von Mann und Frau oder möglicherweise auch von zwei Männern oder zwei Frauen im Falle von Homosexualität. Lebendig zu sein bedeutet, von einer Energie erfüllt zu werden, die sich in der Ergänzung ausdrücken will. Ich finde nicht alles in mir selbst, also brauche ich das Meer, also brauche ich die Berge, also brauche ich die Musik und also brauche ich vielleicht eine Frau oder einen Mann. Es geht immer um das triebhafte Streben nach einem „anderen“ Äußeren in der Dualität von Subjekt und Objekt. Ich und diese Frau. Ich und dieser Berg, den ich besteigen will. Ich und dieses Gebiet, das ich mit dem Schiff befahren will, die Karibik oder der Indische Ozean.

Diese Kraft versucht sich in den individuellen Aktivitäten, denen wir nachgehen, auszudrücken. Was die eigentliche sexuelle Anziehung betrifft, so wird nicht jeder Mann auf die gleiche Weise von einer Frau angezogen und umgekehrt. Swamiji, der manchmal einen befremdlichen Realismus an den Tag legte, wies mich darauf hin, dass man noch nie einen Stier erlebt hat, der sich geweigert hätte, wenn ihm eine Kuh zugeführt wurde, weil er nur ganz weiße Kühe mochte und sich nicht von einer schwarz-weißen Kuh angezogen fühlte. Ich kann euch sagen, dass dieser grobe Realismus mich erst einmal verblüffte. Ich musste mich in einen Raum versetzen, wo ich versuchen konnte, meine Reaktion zu überwinden. Und es gab etwas in dieser Art Gedankengängen, das eine ernsthafte Frage für mich aufwarf, nämlich die Frage nach all den von den Gurus und Astrologen der beiden jeweiligen Familien geschmiedeten Hinduehen, in denen eine Ehefrau für einen jungen Mann ausgewählt wurde. Die meisten dieser Ehen waren von Erfolg gekrönt. Ich habe viele Ehepaare kennengelernt, die sich nicht vorher leidenschaftlich verliebten und die bei näherer Betrachtung wirklich sehr glücklich verheiratet waren. Ein befreundeter Hindu erzählte mir im Vertrauen: „Ich habe meine Frau zum ersten Mal am Tag unserer Hochzeit gesehen.“ Und Swamiji sagte mir an einem Tag, an dem wir wieder auf dieses Thema zu sprechen kamen, mit ruhiger Stimme: *„And at once love comes“* (und im selben Moment kommt die Liebe). Das ist zumindest ein interessantes Thema, mit dem wir uns auseinandersetzen sollten, wenn wir versuchen wollen, den Menschen und uns selbst zu verstehen. Denn was uns so fremd erscheint, war noch vor vierzig Jahren in einem großen Teil Indiens selbstverständlich. Laut dem *Kama sutra* ging es darum, zu vermeiden, dass der Geist des einen und der Geist des anderen sich einmischte und dass man sich auf die übliche Weise verliebte, nämlich vom Unterbewusstsein, den Projektionen, den oberflächlichen Persönlichkeiten aus und nicht aus dem tiefsten Inneren heraus, mit dem Ergebnis, dass so viele Ehen nicht befriedigend sind. Die Gesellschaft übte früher einen viel größeren Druck aus, um Scheidungen und die Auflösung des Familienrahmens zu verhindern. Selbst wenn die Frau einen Geliebten hatte oder der Mann eine Mätresse, hielt man doch eine gewisse Gesellschaftsstruktur und den Anschein eines Familienlebens für die Kinder aufrecht.

Wir tragen also diese Energie der Ergänzung und Begegnung in uns und die natürliche Anziehungskraft, die ein Mann auf eine Frau und eine Frau auf einen Mann ausübt. Homosexualität ist nicht der ursprüngliche Weg der Natur. Diese beherrschende sexuelle Energie ist da und ihr müsst sie ohne Vorbehalt anerkennen, ohne Angst davor, euch lebendig, intensiv lebendig zu fühlen. Aber wie geht ihr bewusst mit dieser Energie um? Wie erlaubt ihr dieser Energie, sich auszudrücken unter Berücksichtigung aller konkreten äußeren Bedingungen? Es ist leichter, den Wunsch nach Vereinigung, wann und wie man will, mit der Natur, dem Meer oder den Bergen zu befriedigen, als dem reinen Sexualtrieb freien Lauf zu lassen. Diese Grundenergie, die sich in uns manifestiert, macht uns lebendig und sie kann unter anderem eine bestimmte Form annehmen, eine Form der Anziehungskraft, die ein Mann hier und jetzt auf eine Frau oder eine Frau auf einen Mann ausübt. Um mit der Natur Kontakt aufzunehmen, sich mit ihr zu verbinden, genügt ein Spaziergang am Seeufer oder im Wald, da gibt es kaum Hindernisse. Aber wenn ihr euch als Frau von einem Mann sexuell sehr stark, fast animalisch angezogen fühlt – oder umgekehrt als Mann von einer Frau –, habt den Mut, das anzuerkennen. Das ist ein Aspekt eurer Realität, aber es ist nicht die ganze Realität. Plötzlich eine starke und spontane körperliche Anziehung zu spüren, kann auf keinen Fall als „böse" qualifiziert, verurteilt und verdammt werden. Sicherlich können wir im Ausdruck dieser Bewegung zum anderen hin viele Irrtümer begehen, die im Endeffekt Leiden für uns und unseren Nächsten verursachen. Aber leugnet nie diese Lebenskraft in euch, habt niemals Angst vor ihr.

Dieser Trieb, *Kama*, Libido oder Eros, richtet sich normalerweise nach außen. Das Objekt ist ein Mann für eine Frau, der Berg für einen Bergsteiger, das Meer für einen Seemann, eine Skulptur für den Kunstliebhaber. Aber wenn dieser Trieb auf ein ernsthaftes Hindernis trifft, so dass er sich nicht nach außen richten kann, richtet er sich nach innen, auf sich selbst und so wird das Subjekt selbst für ihn zum Objekt. Das wird dann Auto-Erotik genannt. Darüber muss man ohne Vorurteil reden. Die Anziehungskraft, die ein anderer auf uns ausübt, wendet sich zurück nach innen. Wenn das Objekt außerhalb von euch ist, seid ihr immer noch das Subjekt, „ich", mehr oder weniger weise oder mehr oder weniger verrückt. Aber das euch gegenüber befindliche Objekt könnt ihr selbst werden. Das ist klar, was eine bestimmte Handlung wie die Auto-Erotik im engeren Sinn betrifft, und Werturteile ändern nichts an der Wahrheit. Hingegen ist die Auto-Erotik im weitesten Sinn *die Umkehrung der Lebenskraft von der Beziehung und Vereinigung mit dem anderen hin zu uns selbst.* Dies kann eine Form annehmen, die nicht pathologisch ist und die man nicht als solche verurteilen sollte, selbst wenn sie ihre Grenzen hat und zu einer Verirrung werden kann.

Wenn das eigene Ego zum Objekt der Anziehung und des Interesses wird, nennt man das Narzissmus. Du schaust nicht, ob eine Frau schön ist, du schaust dich selbst im Spiegel an und findest dich schön. Du hast nicht den Wunsch, einer Frau ein kostbares Kleid zu schenken, sondern du möchtest ein Kleidungsstück für dich selbst aussuchen, das dich besonders gut aussehen lässt. Alles muss gelassen betrachtet werden. Wenn ihr euch auf den Weg der Weisheit eingelassen habt, wohin geht ihr dann? Zur glücklichsten Entfaltung, die man euch wünschen kann. Wie bitte? Ohne jede Angst vor eurer augenblicklichen Wahrheit. Klar sehen bedeutet, dass jede Verurteilung von vornherein zurückgewiesen wird. „*No sense of value*" (kein Werturteil), sagte Swamiji. „Das ist richtig, das ist falsch" kommt danach. Dieses Interesse, diese Anziehungskraft, die sich auf einen selbst richtet, kann zu einer gewissen Abkapselung führen. Anstatt diese Energie in der äußeren Welt einzusetzen, lebt man sie in der Fantasie und in Traumwelten aus. Ich bin dann selbst das Objekt meiner Liebe und nicht mehr ein anderer, ein Mann, eine Frau, ein Kunstwerk oder die Natur. Zum Teil betrifft Narzissmus uns alle, abgesehen von exzessiven Formen, die aus dem Gleichgewicht geraten sind und von einer Neurose herrühren. Aber auf einer ganz anderen Ebene kann diese Auto-Erotik auch die Form eines Interesses für eure tiefste Wahrheit annehmen, für das Selbst im metaphysischen Sinn, für den Ozean, von dem du eine Welle bist. *Das Objekt eurer Liebe ist nicht mehr das Ich als begrenztes und abgetrenntes Ego. Es geht um Atman, the Self, das höchste Selbst,* und Sanskrit stellt uns den Ausdruck *atma kama,* das Verlangen nach dem Selbst, zur Verfügung. Die ganze Aufmerksamkeit wendet sich nach innen zu euch selbst hin, um eure letztendliche Wirklichkeit zu entdecken oder die letztendliche Wirklichkeit in euch. Diese Verwandlung steht im Zentrum der Upanishaden und des *adhyatma yoga* (auf das Selbst gerichteter Yoga).

Geht von der normalen und natürlichen Tatsache des Lebenstriebs und von seinem spontanen Ausdruck aus. Schaut einem Kind am Meeresstrand zu, es platscht mit dem Fuß eine Viertelstunde lang ins Wasser, aus der einfachen Freude heraus, dass es spritzt. Das bringt nichts und ist in keiner Weise auf irgendeine Zukunft hin ausgerichtet, aber das Kind ist glücklich dabei. Es ist ein Spiel. Diese Energie erfüllt auch einen Erwachsenen. Wir wissen, dass sie perverse, sadistische, gefährliche Formen annehmen kann. Aber jede Leidenschaft ist sexueller Natur, selbst wenn man von jemandem sagt, er sei ein leidenschaftlicher Schachspieler. Es ist dasselbe Wort: Ihr habt eine große leidenschaftliche Liebe mit dieser Frau erlebt, aber ihr habt auch noch eine andere Leidenschaft, nämlich das Schachspiel. Wenn eure Leidenschaft sich auf immer zerstörerischere Waffen bezieht, ist das ebenfalls sexueller Natur, aber diese Art Manifestation der Lebenskraft führt zum Tod. Worauf wollt ihr diese grundlegende Energie richten? Lenkt ihr sie in Richtung Himalaya oder in Richtung bakteriologische Kriegsführung? Ich habe im Fernsehen die Verteidigungs- und Kriegsministerin gesehen – früher waren es Männer, die sich gegenseitig töteten und Frauen, die die Verletzten retteten – und gehört, wie sie voller Stolz erklärte, dass die Zerstörungskraft des französischen Flugzeugträgers ‚*Charles-de-Gaulle*‘ geradezu schreckenerregend sei.

Die auf „etwas anderes“ gerichtete Lebenskraft und das Interesse für „etwas anderes“ gehen ebenso auf ein Gefühl des Mangels zurück wie verliebt sein und Liebe machen. Es sind unterschiedliche Manifestationen derselben ursprünglichen Energie. Aber was interessant ist, ist diese grundsätzliche Vorstellung, mit der alle zeitgenössischen Psychologen einverstanden wären, auch wenn ich alte Lehren verkünde: Das Vorherrschen des Gefühls einer quasi ständigen Unvollständigkeit, das Bedürfnis nach einer dualen Beziehung zwischen Subjekt und Objekt, der Wunsch nach Vereinigung. Solange der Bergsteiger den Gipfel nicht bezwungen hat, ist die Vereinigung nicht vollkommen, aber plötzlich haben zum ersten Mal in der Geschichte ein Engländer und ein Nepalese den höchsten Gipfel des Mount Everest erreicht. Für einen Moment ist das Gefühl der Fülle, der Nichtgetrenntheit oder der Nichtdualität vollkommen.

Es kann sein, dass es euch nicht gelingt, diese Energie in ein äußeres Objekt, das euch anzieht, zu investieren, weil gesellschaftliche Zwänge oder irgendwelche Ereignisse das verhindern. Aber allzu oft ist der Eindruck, dass ihr an etwas gehindert werdet, einzig auf das Spiel des Geistes zurückzuführen. Ich erinnere mich an eine Frau, die alle besonders hübsch fanden. Sie selbst war davon überzeugt, „hässlich“, also unattraktiv für Männer zu sein. Solche falschen Überzeugungen können in der Kindheit oder in der Pubertät um das Alter von dreizehn Jahren entstehen, zum Beispiel wenn ein junges Mädchen im Vergleich mit ihren Schulfreundinnen zu große Brüste hat. Seid euch also im Klaren darüber, ob ein konkreter Grund, von gesellschaftlichen Zwängen bis Mangel an finanziellen Mitteln, und auch mehr oder weniger unbewusste psychische Hemmungen nicht zu vergessen, euch daran hindert, eure Energie auf ein äußeres Objekt, auf den anderen zu richten. Wenn ihr aus objektiven oder persönlichen Gründen fühlt, dass eure Bewegung zum anderen hin, wer das auch sein mag, durchkreuzt wird, dann wendet sich diese Energie, dieses dringende Verlangen euch selbst zu. Dafür gibt es zwei verschiedene Möglichkeiten. Die eine nennen wir üblicherweise Auto-Erotik, wobei das Subjekt Liebe für sich selbst empfindet, auch körperlich. Bei der anderen wendet sich die Liebe dem Atman zu. Ich werde immer noch selbst das Zentrum meines Interesses, *aber „ich" auf der tiefsten Ebene, das Selbst jenseits von „ich"*. Wenn wir die sogenannte nicht dualistische Perspektive verlassen, um uns dem mystischen Ansatz zuzuwenden, dann ist es auch dort die sexuelle Energie, die in die leidenschaftliche Suche nach Gott, nach Ram oder Allah fließt. Ein Mönch oder eine Nonne sind glücklich in Keuschheit und Enthaltsamkeit.

Tatsächlich wenden sich bestimmte Menschen vom Äußeren ab, ziehen sich in eine Klosterzelle zurück oder gehen für drei Jahre in ein tibetisch-buddhistisches Retreat und richten ihre Aufmerksamkeit im Wesentlichen nach innen. Diese spirituelle Lebensweise ist also entweder auf das Selbst ausgerichtet oder auf die Buddhanatur, auf den einen Ozean, von dem jeder eine Welle ist, oder aber sie erhält die Unterscheidung zwischen einem Subjekt und einem anderen Objekt, manchmal dem „Ganz Anderen“ aufrecht, das Gott bezeichnet. Das ist der Weg der Hingabe und der wahren Suche nach Gott, nach Gott in uns selbst. Auch wenn der Mystiker spürt: „Ich interessiere mich nicht für mich, nur Gott interessiert mich“, interessiert er sich für Gott in seinem Innern. Wenn ich mich ausschließlich für Gott außerhalb meiner selbst interessiere, dann wird *mein* Gott der einzig wahre Gott. Allah ist der wahre Gott und der dreifaltige Gott der Christen ist eine Schande – und umgekehrt. Man tötet sich gegenseitig im Namen des Gottes der Liebe und der Barmherzigkeit.

Kommt es euch ungeheuerlich vor, über Sexualität, Gott und Allah als ein und dasselbe Thema zu sprechen? Worauf richtet jede und jeder von euch diese Lebenskraft – Libido, Eros oder *kama* –, die euch erfüllt? Auf das Meer? Auf die Berge? Auf alles, was ihr im Außen leidenschaftlich liebt? Drückt ihr sie wie ein Don Juan durch die Eroberung immer neuer Frauen aus, und sei es auch immer ganz ehrlich gemeint? Gelingt es euch, sie in eine dauerhafte, monogame Beziehung einzubringen? Richtet ihr sie für den Moment auf euch selbst, auto-erotisch im engeren Sinn, oder richtet ihr sie im esoterischen Sinn auf euch selbst, auf das Selbst, auf Atman (auf dieser Ebene handelt es sich nicht einmal mehr um *meine* tiefste Wirklichkeit, sondern um *die* tiefste Wirklichkeit in mir)? Oder in der Art eines Subjekts und eines Objekts, das etwas anderes ist als ihr selbst, auf Gott, *God*, Ram, Hari, Allah? Bleibt euch selbst treu, was eure heutige Wahrheit betrifft und wendet diese Wahrheiten auf euer eigenes Leben an. Wie sind eure gegenwärtigen Umstände? Welche emotionalen und geistigen Blockaden könnt ihr überwinden, damit ihr den Mut habt, eure Wünsche anzunehmen, ohne deswegen ihr Sklave zu werden. Wie könnt ihr das versuchen? Es muss eine gründliche innere Arbeit geleistet werden, damit ihr euch vollständig mit euren Trieben versöhnt und dann schaut, wie ihr eure konkreten Lebensbedingungen gestalten könnt und aus ihnen euren Weg zum Absoluten macht. Und ganz konkret: Wenn ihr spürt, dass sich in euch eine Energie bemerkbar macht, die ihr als sexuelles Verlangen, als Wunsch nach sexueller Vereinigung erlebt und ihr diesen Wunsch im Moment nicht stillen könnt, wie erlaubt ihr dann dieser Energie, sich auszudrücken? Durch körperliches Training, durch Tanz, Gesang, durch eine Aktivität, die dafür sorgt, dass diese Energie nicht unterdrückt wird, oder durch eine asketische Praxis der Annahme und der Überwindung? Auf diese Weise vereinigt ihr euch dann mit einem Gefühl der Frustration.

Diese fundamentale Energie manifestiert sich in den Bedürfnissen des sexuellen Lebens derart, dass Psychologen und Sexologen sich dafür interessieren, insbesondere für alles, was den Orgasmus betrifft, was diesen fördert oder verhindert. Aber es gibt drei Möglichkeiten, die sexuelle Kraft zu nutzen: Die natürliche normale Weise, wenn die Umstände es erlauben, die Sublimation dieser

Energie in nicht mehr der Fortpflanzung dienende, sondern in schöpferische Handlungen und die Umwandlung in die Suche nach dem anderen im Innersten, im inneren Königreich. Viele Yogis, Mönche und Mystiker haben diese Vereinigung mit der Tiefe ihrer selbst verwirklicht. Psychoanalytiker und Psychologen glaubten, offenkundige Zeichen sexueller Verdrängung bei Theresa von Avila aufzudecken, und es gibt tatsächlich Stellen in ihrem Werk, die häufig zitiert werden, und die für die Psychoanalyse „zu schön um wahr zu sein" erscheinen. Aber man kann ihre Werke auch auf ganz andere Weise lesen. Entweihen wir nicht das Heilige und reduzieren wir nicht das Göttliche auf das Menschliche. Diese bewundernswerte Frau verwandelte ihre Energie in eine außerordentliche mystische Verwirklichung und investierte sie unermüdlich in die Gründung von Klöstern, und die Texte, die sie schrieb, inspirieren uns noch heute. Aber respektiert auch die Normalität eines harmonischen Sexuallebens ohne Hemmung und ohne Frigidität. Wenn ihr Blockaden spürt, versucht sie zu überwinden *und der gesamte Weg wird euch dabei helfen*. Lernt, diese Energie zu verwandeln, damit sie keine verhängnisvollen Richtungen einschlägt, weil ihr nicht wagtet, sie in euch anzuerkennen und versuchtet, sie zu leugnen.

Wenn sie nicht gelenkt und bewusst genutzt wird, vermischt sich die sexuelle Energie mit der Energie der anderen Funktionen. Alle spirituellen Lehren erkennen im Menschen drei Aspekte: den physischen, den emotionalen und den geistigen. Normalerweise funktioniert das Kopfzentrum durch geistige Energie, das Herzzentrum durch emotionale Energie (die sich mehr und mehr läutert) und das Bauchzentrum durch physische Energie. Ihr könnt körperlich sehr müde sein, weil ihr den ganzen Tag Holz gehackt habt, aber geistig voller Energie und durchaus dazu in der Lage, eine Partie Schach zu spielen. Die physische Energie ist eine Form der einen Lebensenergie, die geistige Energie eine andere. Dann gibt es noch die emotionale und schließlich die eigentlich sexuelle Energie. Wenn diese sexuelle Energie im engeren Wortsinn weder in Meditation umgewandelt noch auf normale Weise genutzt wird, drückt sie sich unglücklicherweise über die anderen drei Zentren aus und nimmt dabei zwei charakteristische Formen an: Die eine ist die Nutzlosigkeit, die andere die Übertreibung. An diesem Punkt waren sich Swamiji und G.I. Gurdjieff einig.

Ich erinnere mich an eine Frau voller Vitalität zur Zeit unseres ersten Ashrams, die gerade mit 65 Jahren in Rente gegangen war, nachdem sie ihr ganzes Leben lang viel Mut und Würde bewiesen hatte. Aber wie jemand, der damit angibt, niemals geraucht und von daher vollkommen gesunde Lungen zu haben, rühmte sie sich damit, noch nie eine sexuelle Beziehung mit einem Mann gehabt zu haben. Wenn ein Badezimmer eindeutig sauber war, verspürte sie das Bedürfnis, es noch einmal vollständig zu putzen, ohne dass man es von ihr verlangt hätte. Das ist der Aspekt der Nutzlosigkeit. Und wenn sie die Badewanne wie wild schrubbte, musste man fürchten, dass es bald gar keine Badewanne mehr geben würde. Das ist der Aspekt der Übertreibung. Übererregung in Bezug auf politische Überzeugungen hat den gleichen Hintergrund. Es ist die sexuelle Energie, die sich in das Gefühlszentrum und in das geistige Zentrum einschleicht: Alles wird „ungeheuerlich“, „entsetzlich“, „skandalös“. Auch hier Nutzlosigkeit und Übertreibung. Aber das muss nicht zum Vorwand werden, euch in Unruhe zu versetzen, euch aus dem Gleichgewicht zu bringen oder euch zu entmutigen, psychologische Arbeit zu leisten. Die Wahrheit ist immer euer Freund. Auf der soliden Grundlage der Wahrheit erwartet euch eine glückliche Zukunft, denn in welcher Lage ihr euch heute auch befindet, der Weg liegt immer offen vor euch. Libido, Eros und Kama bilden ein riesiges Feld, auf dem fast jeder Aspekt unseres Lebens Platz findet. Und selbstverständlich sind in diesem Ganzen das Liebes- und das Sexleben, die körperliche Vereinigung des Männlichen und des Weiblichen enthalten, die manchmal eine konkrete, aber meistens eine eher symbolische Rolle in der tantrischen Askese spielt. Das ist eine Wirklichkeit, die einen großen Reichtum darstellen, die aber auch zu viel Leiden führen kann. Versucht sie ohne Aufregung und immer im Vertrauen in diese Gesamtsicht einzubetten. Und denkt daran, dass ein großer Gewinn beim Voranschreiten auf dem Weg darin liegt, dass euer Leben nach und nach in allen Bereichen immer leichter, natürlicher, einfacher und spontaner wird.

7

Müssen wir uns vor dem Meister fürchten?

So sehr die Rolle des spirituellen Meisters *(des Gurus, Scheichs, Pirs, Rinpoches, Lamas, des spirituellen Vaters oder Weisen)* im zeitgenössischen sozio-kulturellen Kontext auch missverstanden wird, ist sie doch von grundlegender, wenn nicht sogar lebenswichtiger Bedeutung. Genau so wie ein Patient, der an einer Bauchfellentzündung oder an einem Darmverschluss erkrankt ist, weiß, dass seine einzige Chance, wieder gesund zu werden, darin besteht, sich einem qualifizierten Chirurgen anzuvertrauen, wisst ihr als spirituelle Schüler, dass ihr nicht alleine auf dem Weg bestehen könnt. Der Meister ist der Kanal einer Wirkkraft (oder einer subtileren Realitätsebene), die über seine Person hinausgeht. Er gibt „den Segen seiner Übertragungslinie" weiter, er ist *„the mouth piece of truth*", das Sprachrohr der Wahrheit. Er – oder sie – verkörpert das, wonach ihr euch sehnt, er bezeugt, dass die Versprechen des Weges nicht nur Illusion sind. Seine Funktion überschreitet also bei weitem die eines Lehrers, eines Tutors, eines Ausbilders oder eines Psychotherapeuten, wie kompetent und wie wertvoll dieser auch für seine Patienten sein mag. Im Osten, den ich kannte und wo ich unterwiesen wurde, ob in der Welt der Hindus, des tibetischen und des Zen-Buddhismus oder des Sufismus, ist die Verehrung für den Meister ungeheuer groß. Gewiss, man warf sich nicht vor einem afghanischen Pir zu Boden, aber man küsste seine Hand oder sein Gewand. Die Erinnerung an die Meister, die dem jetzigen Meister vorangegangen sind, deren Linie bis auf Buddha oder den Propheten zurückgeht, bleibt lebendig und spielt ihre Rolle bei der Inspiration und der Unterstützung des Weisheitssuchenden.

Ich sagte schon, dass man auf dem Weg nicht allein zurechtkommt. Womit nicht zurechtkommt? Mit der Verblendung, der vollkommenen Unkenntnis seiner Selbst, mit der Angst, kurz: mit dem Leiden. Um die verschiedenen Aspekte der spirituellen Krankheit zu beschreiben, von der man jedoch geheilt werden kann, bietet das Sanskrit ein ebenso reiches wie präzises Vokabular – mit einigen unterschiedlichen Nuancen in den Schulen (Yoga, Vedanta, Tantra usw.) – und zeugt von einer bemerkenswerten Sammlung fundierten Wissens (auch wenn Übersetzungen oft für Verwirrung sorgen). Aber das Abenteuer der Weisheitssuche ist kein leichtes Unterfangen, und die Beziehung zu eurem „geliebten Guru“, von dem ihr im tiefsten Inneren alles erwartet, wird zumindest an der Oberfläche einige Wechselfälle erleben. Das war schon immer bekannt und ein Bestandteil der Beziehung. Zweifel und Befürchtungen säumen den Weg des Schülers. Man ahnt, wie verwirrend und sogar schrecklich das sein kann, zumindest für jene, die so viel von seiner Führung erwarten. Der Gedanke, der meinem Standpunkt zugrunde liegt, ist, dass er – oder sie – klar sieht, während ich mich „in der Finsternis des Irrtums vorantaste“ (und in der falschen Sicht der Realität), und da kommt mir dieser erschreckende Gedanke in den Sinn: Der Meister irrt sich und zumindest in diesem Punkt sehe ich klarer als er.

Was geschieht dann? Das erste Risiko ist die Verleugnung, die Verdrängung. Im Laufe der Jahre zeigen sich viele Menschen, die den Schwerpunkt auf die Gnade des Meisters legen, recht beredsam bei der Vertuschung der Zweifel, die sie an ihm haben. Wenn man eine Sache zu wortreich vertritt, dann deshalb, weil man seinen Mangel an Überzeugung verbergen will, und die besonders „guten Schüler“ sind für die Gnade vielleicht viel weniger offen, als sie glauben. Es gibt keinen Grund, euch von den Erzählungen anderer über ihre Meditationserfahrungen beeindrucken zu lassen oder euch damit zu vergleichen. Was für einen Kranken wichtig ist, ist seine Heilung, und nicht der Versuch, das zu empfinden, was andere empfinden. Jeder muss seinem eigenen Weg folgen.

Wenn ihr euch dem Meister gegenüber verschlossen und von ihm bedroht fühlt, müsst ihr den Mut aufbringen, das zu erkennen. Es kann sein, dass diese Verschlossenheit nicht vom Verstand herrührt, der gerne „interessanten Gedankengängen“ folgt, sondern dass das Herz sich weigert, sich zu öffnen. Dann geht es darum, an der Wurzel dieses Widerstands die Angst zu sehen und zu erkennen, die „der andere" – in diesem Fall der Guru – in euch geweckt hat, und nicht in die Falle von „aber ein Schüler ist jenseits jeder Furcht" zu tappen oder wenigstens nicht darin hängen zu bleiben. Wenn es eine Befürchtung gibt, wird sie selbst zum Mittelpunkt des Interesses. Die Fragen, die man sich klar und deutlich stellen sollte, sind: „Inwiefern kann der Meister beängstigend sein? Was muss ich von ihm befürchten? Wohin könnte er mich führen, so dass meine Angst gerechtfertigt wäre?". Wichtig sind nicht die Gedanken, die diese Fragen beantworten, sondern das Gefühl selbst. Es ist möglich, diese Angst anzunehmen, ihr zuzuhören, sich mit ihr zu unterhalten. Swamiji leitete alle Begegnungen, die ich mit ihm hatte, mit den einfachen Worten ein: „*Yes Arnaud.*" Ich hatte den Mund noch nicht einmal geöffnet, da hatte er schon ‚ja' gesagt. Ein Schüler der Weisheitslehre stellt sich seiner Angst und hört ihr zu, anstatt vor ihr zu fliehen. Er vermeidet es so, sich nicht als Subjekt zu erkennen und die Ursache seiner Schwierigkeiten nur im Objekt zu suchen, in diesem Falle im Meister.

Selbst wenn diese Angst und diese Verschlossenheit nur an den Veranlagungen und Prägungen eures Unterbewusstseins liegen, ist der beste Umgang mit ihnen, so zu tun, als seien sie gerechtfertigt. Das ist der Ausgangspunkt, sich selbst klar zu sehen. Wenn der Therapeut dem Patienten, sobald er den Mund aufmacht, das Wort abschnitte, gäbe es keine Psychotherapie. Swamiji hätte mich in der ersten Zeit mit ihm gelähmt, wenn er mich unterbrochen hätte, sobald ich begann, Unsinn vor ihm zu reden, so wie er es einige Jahre später durch die Bemerkung „Only thinking“ (nur Hirngespinste) tun konnte. Damit eine Angst zum Ausdruck kommt, muss man ihr die Erlaubnis geben, sich zu manifestieren; um eine bewusste Erfahrung mit ihr zu machen, muss man ihr zunächst einmal Vertrauen schenken, als ob sie die Wahrheit spräche, übergangsweise die Angst vor dem Meister gelten lassen und bedenken, dass ein Herz sich vor völlig harmlosen Wahrheiten nicht verschließen kann. Im Prinzip wird ein wirklich neutrales Objekt kein Unbehagen hervorrufen. Wer hätte auf den ersten Blick Angst vor einem Stuhl? Wie könnte ein Stuhl jemanden dahin bringen, wo er gar nicht hin will? Wenn diese Sitzgelegenheit jedoch einem Stuhl gleicht, der im Unterbewusstsein mit einer beängstigenden Erinnerung aus der frühen Kindheit verbunden ist, wird er zum Auslöser dafür, dass eine nicht vollständig verheilte Wunde wieder aufbricht und ein unverständliches Unbehagen hervorruft. Dieser wohlbekannte Mechanismus kann, wie wir noch sehen werden, genauso in der Beziehung zu eurem Meister auftreten.

Die richtige Methode oder Praxis besteht dennoch darin, das Gefühl und die Angst sich äußern zu lassen, statt sie zu verleugnen und vor ihnen zu fliehen, und ihr braucht keinen Psychotherapeuten, der euch die Hand hält, damit ihr den Mut aufbringt, euch anzuschauen, was in euch ist. Nehmt die Frage ernst: „Warum muss ich mich vor meinem Meister schützen?" Woher kommt dieser innere Befehl: „Öffne auf keinen Fall die Tür zu deinem Herzen"? Wir öffnen gerne einem Freund die Tür, aber wenn ein vermummter Besucher mit einer Maschinenpistole in der Hand auftaucht, verriegeln wir sie. Natürlich sind diese Anweisungen leichter formuliert als in die Tat umgesetzt, denn es ist euch oft zunächst unmöglich, einzugestehen, dass ihr an einer allgemein anerkannten und verehrten Person wie dem *Guru* zweifelt. Alle spirituell Suchenden sowohl in Klöstern als auch in Ashrams sind früher oder später auf diese Schwierigkeit gestoßen. Damals habe ich im Lauf der Jahre zu Freunden gewordene Swamis oder Mönche zu diesem Thema befragt und alle haben mit mir die Erinnerung an solche schwierigen Momente geteilt.

Diese Furcht vor dem Meister ist nicht unbegründet. Ein tibetisches Sprichwort sagt: „Im Leben gibt es zwei gefährliche Orte: Hinter einem Maultier und vor einem *Guru*." Ja, für die eingefleischten mentalen Gewohnheiten, für psychische Konditionierungen, für das „Gefängnis" selbst besteht Gefahr. Solange der Anfänger sich in seiner üblichen Funktionsweise nicht in Frage gestellt fühlt, solange er hoffen kann, Weisheit zu erlangen, indem er grundsätzlich so bleibt, wie er ist, solange ist keine Angst da. Aber eben das ist nicht der Weg: Es ist eine radikale Umwandlung. Wiederholen wir es noch einmal: Auf dem Rücken einer Raupe wachsen keine Flügel, niemand hat je eine Raupe davon fliegen sehen. Es geht um eine Metamorphose, und viele Anteile des „alten Menschen“ haben Angst vor der Aussicht eines „neuen Menschen“, Angst vor dem, was doch seine Befreiung, sein Erwachen sein wird. Nur „leidenschaftlichen“ Vorträgen eines tibetischen Rinpoches oder eines Hindu-Swamis zuzuhören, stellt das individualisierte, begrenzte und getrennte Ego nicht in Frage. Und das tun auch Übungen zur Atemkontrolle nicht, die dem aktuellen Zustand eine gewisse Beherrschung von Energie hinzufügen. Nun stellt aber der Weg die übliche Funktionsweise vollkommen in Frage. Dem bekannten Bild zufolge stirbt die Eichel als Eichel, um eine 15 Meter hohe Eiche heranwachsen zu lassen und nicht eine Eichel mit einem Durchmesser von 15 Metern. Diese einfachen Bilder, wie die Worte „Transformation“ oder „Metamorphose“, stellen eine echte Herausforderung für das gewöhnliche Ich dar. Niemand kann die Weisheit seinem gegenwärtigen Bewusstseinszustand hinzufügen, wenn sein Sein selbst sich nicht total verwandelt hat. Der Neuankömmling auf dem Weg weiß nicht so genau, worin diese Metamorphose besteht, selbst wenn man die alten, klassischen Bilder verwendet, aber die meisten Vorlieben, unterschwelligen Neigungen, die sich mehr oder weniger widersprechen und die die scheinbare Einheit eines Subjekts bilden, hegen gegenüber diesem Weg, diesem „zum Selbst führenden Yoga“ ein schreckliches Misstrauen. Solange das Ego nur „in Fellrichtung gestreichelt“ wird, ist das perfekt. Der Meister ist erhaben und unfehlbar. Aber von dem Moment an, wo der Weg ein bisschen wirklichkeitsbezogener wird, treten Reaktionen wie Misstrauen, Blockaden, Verschlossenheit und Schutzmechanismen auf.

Diese Ängste müssen also angenommen, erkannt und gefühlt werden. Und sie lehren euch viel mehr über euch selbst als über euren *Guru*. Die Furcht ist ein gutes Zeichen, und die Annäherung eines Menschen, der keinerlei Befürchtungen spürt, wäre wahrscheinlich noch ziemlich oberflächlich.

Jene, die aufgrund ihrer speziellen persönlichen Programmierung tatsächlich keinerlei Furcht verspüren und die vom ersten Tag an bis zum Ende des Weges ein festes Vertrauen haben, sind sehr selten, und auch ich selbst nahm in bestimmten Momenten Swamiji gegenüber eine Abwehrhaltung ein. Eine gewisse Anzahl von Frauen schützt sich auch, wenn der Meister männlichen Geschlechts ist, aus Angst davor, sich in den *Guru* zu verlieben, und empfindet gleichzeitig Faszination und Angst. Es braucht eine vorbereitende Arbeit, damit eine Frau zu erkennen wagt, dass sie sich vom Meister als Mann angezogen fühlt. Es ist in dem Maße bedrohlich, wie er noch als Mann und nicht als Mahatma gesehen wird, der durch sein ockerfarbenes Gewand eines Swami und seinen langen weißen Bart geschützt ist.

Aber auch viele andere Ängste sind Teil des Weges: „Was kann mir wegen des *Gurus* geschehen?“, oder womöglich sogar „durch die Schuld des *Gurus*“? Einige authentische und in der Geschichte anerkannte *Gurus* haben scheinbar rüde Methoden angewandt, um ihre Schüler Fortschritte machen zu lassen, indem sie sie in so schwierige Situationen stürzten, dass sie die Gelegenheit zu wirklich intensiver Praxis bekamen. Aber selbst in Schulen, in denen der Meister nicht von sich aus so bedrohlich im gewöhnlichen Sinn des Wortes auftritt und nicht einmal aus Liebe so heftige Methoden anwendet, wird unvermeidlich früher oder später Unbehagen auftreten. Unter diesen Umständen ist es dringend notwendig, dass ihr euch vor allem für das, was ihr fühlt, interessiert und nicht den Irrtum begeht, ausgehend von euren negativen Gefühlen und Problemen über das Thema *Guru* nachzugrübeln. Alle Gedanken müssen ohne jegliche Zensur und ohne Verurteilung erkannt werden, aber mit dem Zugeständnis, dass sie unbegründet sein könnten.

Tatsächlich gibt es drei Arten von Angst vor dem *Guru.*

Die erste hängt mit der Projektion persönlicher Tendenzen auf ihn (Sanskrit: *Samskara* und *Vasana*) zusammen, die sich auf eine Autoritätsfigur beziehen, die in der Kindheit prägend war. Das ist ein sehr bekanntes Thema, das aber deshalb nicht weniger entscheidend für jeden Einzelfall ist. Wenn diese Autoritätsfigur euer Vater war und dieser als äußerst streng und bedrohlich wahrgenommen wurde, wird die Erinnerung an diesen Vater (oder das Bild von ihm) die objektive Wahrnehmung des entsprechenden Menschen trüben, sobald jemand – sei es ein Lehrer in der Schule oder ein spiritueller

Meister – diese Rolle übernimmt. Das Unterbewusstsein kann sogar eine Mutter auf den männlichen Guru projizieren, oder einen Vater auf eine beeindruckende weise Frau, wie etwa Ma Anandamayi. Als Beispiel rufe ich eine persönliche Erfahrung ins Gedächtnis. Mein Vater hatte sehr dünne Lippen und das war auch bei Swami Prajnanpad der Fall. Es genügte, dass Swamiji mir ein kleines bisschen weniger liebenswürdig und herzlich erschien, als er es üblicherweise war, damit ich meinen Vater in ihm sah: Vorsicht, Gefahr, sei auf der Hut. Aber es trat auch eine andere Projektion auf, die nur mit einer großen goldenen Uhr zusammenhing, einer „Taschenuhr", die während meiner Gespräche mit Swamiji immer neben ihm lag. Nun hatte mein Großvater mütterlicherseits, der für mich die absolute Liebe verkörperte, dieselbe Uhr. Swamiji sagte mir übrigens später, dass er sofort die Blicke, die ich auf die Uhr warf, bemerkt und mit diesem positiven Element gespielt habe. Ihr müsst also mit diesem Mechanismus der klassischen Projektion auf ein äußeres Objekt, auf einen anderen Menschen, rechnen, ein Mechanismus, der euch zunächst völlig entgeht.

Dann gibt es noch eine zweite, spezifischere Angst. Der Meister steht für eure Umwandlung, die Infragestellung eurer selbst, das Aufgeben vieler Gewohnheiten, eine völlige Erschütterung eurer selbst, den Tod auf der einen Ebene, um auf einer anderen zu leben. Es ist normal, dass diese Perspektive einem Angst macht, Angst vor dieser Metamorphose, die dennoch das Schönste ist, was einem Menschen passieren kann, die aber die tibetische Warnung bestätigt: Vorsicht vor Maultieren und *Gurus*. Voraussetzung ist immer das Wort: Einverstanden. Wenn Angst da ist, muss dieses Gefühl bewusst erkannt und ohne innere Abtrennung erforscht werden. Die Angst, bei einem Fehler ertappt zu werden, ist eine klassische Angst, aber die interessanteste ist diese spezifische Angst, die einen Schüler der Weisheitslehre ereilt, wenn er „den kleinen Finger ins Getriebe gesteckt hat“ (wenn er sich auf all das eingelassen hat).

Am Eingang eines jeden Ashrams müsste ein Schild hängen: „Vorsicht, Gefahr“. Gefahr für euren Verstand, Gefahr für eure mechanischen Gewohnheiten, Gefahr für die ganze Nervenstruktur, die bei dem Versuch herausgebildet wurde, emotional zu überleben, Gefahr für diese Mischung aus Selbstvorwürfen und Stolz auf in den Himmel gehobene Fähigkeiten, eben auf alles, was dieses Ego ausmacht, von dem so viel die Rede ist, sobald man von Spiritualität spricht. Es gibt Häftlinge in den Gefängnissen, die nur an eines denken, nämlich zu flüchten, und die zu Fluchtspezialisten werden. Aber ebenso gibt es Gefängnisinsassen, die bei der Aussicht auf Entlassung zurückschrecken. Wenigstens kennen sie im Gefängnis keine Arbeitslosigkeit und keine finanziellen Sorgen, sie haben Unterkunft und Verpflegung, sie werden sogar geschützt und sie befürchten, sich draußen in einer feindseligen Welt wiederzufinden. Es handelt sich um ein ungefähres Bild, so wie alle Bilder, aber es ist wahr, dass „Befreiung“, so sehr dieser Begriff auch geschätzt wird, ebenso sehr beängstigt wie fasziniert. Es geht also für euch darum, jede Art von Vorbehalt, Misstrauen oder Ablehnung gegenüber dem *Guru* unbefangen anzuschauen. Es ist nicht einer der unwichtigeren Aspekte in der Beziehung zum Meister. Seine Gegenwart ruft im Herzen des Schülers Reaktionen hervor, die einen Stützpfeiler der Praxis bilden werden. Indem ihr euren Ängsten nicht ausweicht, indem ihr bis zum Grund eurer momentanen Wirklichkeit vordringt, wird es möglich und natürlich, euch für die Hilfe zu öffnen, die euch der Meister bieten kann. Nachdem ihr euch über kürzere oder längere Zeit mehr oder weniger geschützt habt, erfahrt ihr endlich die Abwesenheit von Furcht, ungeheure Dankbarkeit und vertrauensvolle Liebe.

Schließlich ist da noch eine Angst, die dem Zweifel zuzuordnen ist und die nach einigen Jahren der Praxis entsprechend den Anweisungen des Meisters auftauchen kann. Früher oder später kommt der Moment, in dem euch sein Verhalten, seine Einstellungen, seine Entscheidungen unverständlich erscheinen, ein wie großes Vertrauen ihr auch immer in ihn oder sie zu haben glaubtet. Ich machte damals die schmerzliche Erfahrung bei Ma Anandamayi und in geringerem Maße bei Swamiji. Es ist ein bekanntes Thema, das in der spirituellen Literatur detailliert behandelt wird. Die eigentliche Möglichkeit des Weges beruht auf der Überzeugung, dass der Meister weiß, was wir nicht wissen, versteht, was wir noch nicht verstehen und vor allem sieht, was zu sehen wir jetzt noch nicht in der

Lage sind. Im Verlauf meiner mehr als 20 jährigen Erforschung und Begegnung mit Menschen hatte ich viele Gelegenheiten, selbst zu überprüfen, wie wahr das sein kann. Nun ergeben sich früher oder später Umstände, die diese Überzeugung erschüttern. Der Verstand und die Gefühle, die ihn unterstützen, gewinnen die Oberhand und führen zu der Überzeugung, dass der *Guru* im Irrtum sei und dass wir zumindest in diesem Punkt klarer sehen als er. Die Angst besteht dann darin, dass er uns einen falschen Standpunkt aufzwingen und uns in Entscheidungen verwickeln könnte, die unserer Überzeugung nach auf einem Irrtum beruhen.

Tatsächlich rührt das Missverständnis daher, dass der Meister eine erweiterte Sicht auf die Synchronizität und den Zeitablauf der Gesamtsituation zugleich in einem gegebenen Moment hat. Er erfasst alle Faktoren und die darin enthaltene Dynamik, während ihr nur einen Ausschnitt davon, vielleicht sogar ziemlich klar, seht, aber außerhalb seiner Beziehung zum Ganzen. Ihr berücksichtigt also nur die kleine Anzahl von Parametern, derer ihr euch bewusst seid. Und das Wort „Dynamik" ist wesentlich: Die relative Wirklichkeit ist immer in Bewegung, sie entfaltet sich oder sie zieht sich zusammen. Jeder Beschluss, der heute ein Problem löst, wird in der Zukunft Rückwirkungen über das spezielle Thema, um das es ging, hinaus haben, wie im Herbst ausgesäte Saatkörner, die erst im Frühjahr keimen werden. Diese erweiterte Wahrnehmung der Zeit betrifft natürlich eure persönliche spirituelle Zukunft, aber sie beinhaltet auch die Gesamtheit der gegenwärtigen und zukünftigen Aufgabe des Meisters, die Zukunft seines Ashrams, seiner Gemeinschaft, die Zukunft all jener, die ihm vertrauen.

Dieses Thema ist so wichtig, dass ich versuchen werde, noch ein bisschen mehr ins Detail zu gehen. Ohne jeglichen Bezug zu Einstein haben sich die Weisheitsschulen seit dem frühesten Altertum dafür interessiert, wie wir die Zeit- und Raumwahrnehmung und die Beziehung zwischen diesen beiden messbaren Dimensionen erleben. Gehen wir von einer einfachen Feststellung aus. Weshalb sagt ein Schnellzugfahrer eher, dass Valence zwei Stunden und zehn Minuten von Paris entfernt ist, als die Entfernung in Kilometern auszudrücken? In meiner Kindheit war Valence neun Stunden von Paris entfernt, wurde also als viel weiter weg wahrgenommen, und ihr erratet, wie weit weg das im 17. Jahrhundert war. Der Raum und die Zeit beeinflussen sich gegenseitig. Was (räumlich) nah ist, ist (zeitlich) schnell zu erreichen und das Reisetempo ist unendlich variabel, je nach den benutzten Transportmitteln. Wenn ihr diese Art Gedankengänge, die ein Kind nachvollziehen kann, verfolgt, werden diese euch zu wertvollen persönlichen Erkenntnissen führen.

Wenn wir zum Beispiel die traditionelle Vorstellung eines „Weges" (*marg* in Sanskrit, *via* in Latein) oder einen „Übergang zum anderen Ufer" annehmen, denken wir ebenfalls an eine Distanz, auch wenn diese einer anderen Ebene entspringt als eine normale Reise und sich nicht in Kilometern oder Meilen ausdrücken lässt und deren Überwindung von veränderlicher Dauer ist (die von verschiedenen Bedingungen abhängt). Aber genau so, wie für einen Astronauten Valence und Paris gleichzeitig in seinem Sichtfeld sind, ist „das andere Ufer" aus einer bestimmten Perspektive nicht getrennt von unserer augenblicklichen Seinsebene und ist Teil eines einzigen Ganzen.

Sicher ist das Bild der Erde vom Weltraum aus gesehen ein zeitgenössisches, aber ein anderer Vergleich stammt aus alter Zeit. Stellt euch eine Straße vor, die um einen allein stehenden Hügel herumführt. Du befindest dich an seinem Fuß und am unteren Teil des gegenüber liegenden Abhangs befindet sich ein anderer Mensch (besonders freundlich oder unfreundlich), der auf dem Weg zu dir ist. Du siehst ihn noch nicht, du weißt noch nicht einmal, dass er existiert und sich auf dich zu bewegt. Er ist für dich die unbekannte Zukunft. Aber für einen Beobachter, der auf dem Gipfel dieser Anhöhe steht, seid ihr beide die Gegenwart. Wenn dich dieser Mensch, der sich auf dich zubewegt hat, überholt, nachdem er dich höflich gegrüßt oder tätlich angegriffen hat, dann ist er nach der ersten Kurve Teil deiner Vergangenheit, während er für den Zeugen auf dem Gipfel noch immer Gegenwart ist. Von diesem Gesichtspunkt aus, ist eure Zukunft *schon* da, während sie auf euch zukommt, wohingegen die Vergangenheit, die sich von euch entfernt, *noch* da ist. Der erhöhte Zuschauer hat Zugang zu einer vierten Dimension, die euch entgeht, und dieses Bild trifft auch für den Meister zu. Abgesehen von konkreten und durch entsprechende Instrumente messbaren Beziehungen existiert auch ein feines Beziehungsnetz inmitten der allgemeinen Wechselwirkungen, und mit der nötigen Schulung ist es möglich, eine neue Wahrnehmung der Zeit, der Vergangenheit, der Gegenwart und der Zukunft zu erwerben: Nicht vorauszusehen wie eine Seherin, *aber eine viel weitere Sicht auf die Bewegung zu haben, die in der Tiefe die Ereignisse und Situationen in Gang setzt.* Und diese Wahrnehmung motiviert die Handlungsweisen des Meisters.

Das heißt, wir kommen auf die leidvollen Schwierigkeiten zurück, die einen Schüler aus der Bahn werfen können und die zwei mögliche Ursprünge haben: Auf der einen Seite die latenten emotionalen Anlagen, die im Unterbewusstsein verwurzelt sind (die innerhalb einiger grober Rahmen von Mensch zu Mensch verschieden sein können), und auf der anderen Seite die auf seiner Bewusstseinsebene begründete Vorstellung, die der Schüler von einem begrenzten Element hat, das vom Gesamtzusammenhang getrennt ist. Im Zusammenhang mit solchen manchmal kritischen Momenten in der Beziehung des Schülers zu seinem Meister hatte Swami Pajnanpad an jedes Mitglied seiner kleinen französischen Schülerschaft einen fotokopierten Brief gerichtet, der unter anderem Folgendes ausführte: „Wenn es einen Zweifel gibt – und Zweifel ist nur normal und natürlich – habt ihr das Recht zu fragen und euch überzeugen zu lassen, nicht jedoch ihn zu interpretieren." Aber es kommt häufig vor, dass dieser Zweifel entweder verleugnet oder verdrängt und deshalb nicht deutlich wahrgenommen und als das, was er ist, verstanden wird. Selbst der Gedanke, mit demjenigen nicht mehr einverstanden zu sein, von dem wir doch alles erwarten, erscheint zu schmerzhaft, um klar erkannt zu werden. Und wenn dieser Gedanke zum Ausdruck gebracht werden kann, verhindert die Angst vor dem Wagnis, bescheiden und respektvoll dem Guru eine andere Meinung als die seine darzulegen, obwohl man die Autorität dessen achtet, der klar sieht und anderen die Wahrheit vermittelt, die vertrauensvolle Begegnung auf Augenhöhe. Das alles ist sehr bekannt und ich habe einige solcher Momente genauso erlebt. Aber heute sind die Erinnerungen an diese damals so beschwerlichen Momente zutiefst beglückend, weil ich sie als Etappen auf dem Weg der Selbsterkenntnis und der Befreiung sehe. Habt keine Angst vor euren Ängsten. Nehmt sie an, fühlt sie, aber wagt auch zu bezweifeln, was sie euch erzählen. Grundsätzlich ist es eher der Schüler, der sich irrt, als der Meister.

Halten wir also fest: Eine der bewährtesten Überlebensstrategien des Ego ist ganz einfach die heimliche Vermeidung des Meisters. Ich betone heimlich, weil der Verstand nicht in der Lage ist, sich dessen klar bewusst zu sein. Wir stellen ständig ein Foto unseres Meisters zur Schau und berufen uns weiter auf ihn, wir versichern ihm von Weitem unsere Treue, aber es entsteht eine Distanz und die authentische Beziehung löst sich nach und nach auf. Wir weichen der Konfrontation mit ihm aus und wir werden wieder zu dem, was Lama Denys Teundroup „Egodidakten" nennt, ohne dass jemand uns aufzeigen könnte, was uns selbst zu sehen nicht möglich ist. Manchmal ist ein Anfängerschüler, der den Meister meidet, auf gewisse Weise feige, weil er eigentlich im Innersten weiß, dass der Meister ihm eine Wahrheit zeigt, die im Gegensatz zu seiner momentanen Verblendung steht, und dass er seine emotionalen Gefühle und seine Illusionen vorzieht. Wer wird also gewinnen? „Wenn dein Verstand lebt, stirbst du. Wenn dein Verstand stirbt, lebst du."

Denn wenn der Meister der Freund eures Egos ist, dieses armen „Ichs", das so gerne endlich glücklich, in Frieden und ohne Angst wäre und das immer nur vorübergehend dorthin gelangt, ist er der unerbittliche Feind eures einzigen wirklichen Gegners: eures eigenen „Verstandes". Oder vielmehr ist er stets euer treuer Verbündeter in eurem ureigensten Kampf gegen den „Satan", „den Lügner und den Vater der Lüge", wie das Evangelium sagt, der in euch selbst aktiv ist und so arglistig, dass er euch unter seinem Joch hält.

Aber wenn ihr euch mehr und mehr der Fallen und der Abgründe, die sich am Rande des Weges auftun, bewusst werdet, dann ist eure Hoffnung nicht umsonst und eines Tages wird der Übergang zum anderen Ufer vollzogen sein.

8

Eine wirklichkeitsnahe Praxis

Wie man schon immer gesagt hat, gibt es verschiedene Wege. Ihr könnt von Paris nach Rouen oder von Montréal nach Québec auf der einen Seite des Flusses fahren oder auf der anderen. Es gibt zwei Straßen. Und es kann nicht nur mehrere Straßen geben, um zum gleichen Ort zu gelangen, sondern auch mehrere Transportmöglichkeiten: Früher reiste man auf dem Eselsrücken, dem Pferde- oder Kamelrücken. Ihr befindet euch auf einem Weg, der nicht von Anfang an von euch verlangt, euch ausschließlich der Suche nach dem Absoluten zu widmen. Ihr müsst also euch selbst gegenüber eine Fähigkeit entwickeln – das, was Swamiji ganz einfach als „euch selbst treu sein, da wo ihr gerade steht“ nannte – genau genommen, hier und jetzt. Zum Beispiel: „Ich möchte gerne mehr Geld verdienen, ich möchte gerne eine neue Ausbildung machen.“ Schafft euch dann nicht einen unnötigen Konflikt: „Ich müsste mich eigentlich dem Unzerstörbaren widmen, anstatt Energie in das Vergängliche zu investieren.“ Ja, alles was relativ ist, kann – je nach Voraussetzungen und Umständen durch andere Bedingungen in dieser ständig sich verändernden Welt in Frage gestellt werden. Es ist nicht die höchste ewige Wirklichkeit, aber eure Wahrheit heute besteht gerade in diesem Wunsch nach einem gewissen beruflichen Erfolg. Und so ist es mit allem, was sich in jedem von euch verwirklichen möchte.

Ihr könnt eure Sehnsüchte stillen wie jemand, der nur durch Reaktionen und der Identifikation mit emotionalen Gefühlen funktioniert oder ihr könnt eure Absicht bewusst lenken, indem ihr sie vollkommen annehmt, ohne über die Vergänglichkeit der Dinge zu philosophieren. Das ist eure Wahrheit heute. Ihr könnt sie wie eine Maschine leben, die nur reagieren kann, ohne irgendeine Achtsamkeitspraxis oder ihr könnt sie als Schüler leben. Das, was ich unternommen habe, trifft auf ein Hindernis, ich nutze dieses Hindernis, um einen Fortschritt auf dem Weg zu machen. Ihr stellt fest, dass bei diesem Versuch, irgendetwas zu erreichen, Gefühle auftauchen und erinnert euch daran, dass ihr, wenn eine gefühlsmäßige Reaktion auftritt, nicht mehr „seht", sondern „denkt". Und alles, was ihr denken könnt, ist nicht nur mehr oder weniger ungenau, sondern meistens sehr ungenau. Erinnert euch an die großen Anweisungen dieser Lehre, während ihr zu erreichen versucht, was euch in der relativen Welt am Herzen liegt.

Zunächst einmal, wenn ein Wunsch in euch auftaucht, nehmt ihr ihn dann an? Wenn ihr den Wunsch habt, euren Rivalen zu vergiften, indem ihr ihm jeden Tag eine Dosis Arsen in seinen Kaffee schüttet, führt ihr diese Absicht aus? Ja oder nein? Es ist doch klar, dass ihr aus eindeutigen ethischen Gründen nicht zur Tat schreitet. Wenn es um die Absicht geht, einen neuen Beruf zu erlernen und ein besseres Einkommen zu erzielen, gibt es keinen Hinderungsgrund für die Bestätigung: Ich nehme dieses *Vasana*, diesen besonderen Wunsch an. Bei anderen Wünschen ist das heikler, aber verharrt auf keinen Fall im Zwiespalt. Ja oder nein? Wenn ich den Wunsch annehme, nehme ich ihn an. *„If I am a devil, let me be a devil"* – wenn ich ein Teufel bin, dann lass mich ein Teufel sein, sagte Swamiji. Es gibt keinen Wunsch oder keine Absicht, wo im Hintergrund nicht ein leises Flüstern wäre: „Ach, ich sollte nicht ..." Wenn ihr nicht solltet, tut es nicht. „Ja, aber ..." und ihr sitzt zwischen zwei Stühlen, *„in between"*. Das ist katastrophal für euer Vorwärtskommen: Ihr seid nicht frei, die Jahre ziehen vorüber, Enttäuschungen hängen noch in euch nach. Wenn ihr seht, dass es nicht richtig ist, na gut! Dann tut es nicht! Ein bisschen Mut: *Der Gedanke ist mir gekommen, aber ich bin nicht verpflichtet, ihm zu folgen.* Es kostet mich etwas, oder vielmehr, es kostet bestimmte Aspekte meiner selbst etwas, während andere sich leicht von selbst dazu entschließen. Wir sind nicht sofort eine Einheit. Und wenn „es schlecht ist" in den Augen von Autoritätsfiguren, die eure Kindheit geprägt haben, aber ihr es trotzdem tun wollt, dann tut es als Schüler. Ihr unterwerft euch damit der Wahrheit. Eure heutige Wahrheit ist nicht die von Swami Ramdas oder Swami Prajnanpad, und die Wahrheit des 44-jährigen Arnaud war nicht Arnauds Wahrheit im Alter von

84 Jahren. „*Be faithful to yourself as you are situated now*", in welches Projekt ihr euch auch stürzt, ob nun aus Verliebtheit, beruflichen oder anderen Gründen – ich nehme nicht an, dass ihr euch als Schüler des Weisheitsweges für ein Unternehmen einsetzt, das zum Ziel hat, Leiden für euren Feind zu verursachen. Wenn ihr euch als Schüler seht, ändert das einiges. Ihr könnt nicht mehr allem gehorchen, was euch durch den Kopf geht, jeder Laune, jeder Lust, jedem Bestreben, das in eurem Bewusstseinsfeld erscheint.

Wenn ihr euch ein höheres Einkommen wünscht, was könnte diesen Wunsch einschränken? Inwiefern riskiert ihr, Leiden für jemand anderen zu verursachen? Stellt euch diese Frage. Wenn bei einem Paar der Ehemann oder die Ehefrau seine, bzw. ihre ganze Zeit, die ganze Energie einer Aktivität widmet, die mit dem Ehepartner nichts zu tun hat und bei der er, bzw. sie völlig vergessen und vernachlässigt wird, kann das tatsächlich schwierig werden. Ich sehe das, ich berücksichtige es. Es gibt eine Praxis für den Schüler, die mit eurem Entschluss, nach Erfolg zu streben, der tatsächlich zerstört werden kann, völlig übereinstimmt: Nehmt in jedem Augenblick alles, was euch begegnet, als Herausforderung an, als eine Gelegenheit und eine Möglichkeit weiter zu kommen auf dem Weg. Etwas erleichtert euch das Erreichen eures Zieles: Ihr erkennt das Glücksgefühl, lasst euch aber nicht mehr völlig davon mitreißen und von diesem abhängigen und kurzzeitigen Glück gefangen nehmen. Etwas steht eurer Wunscherfüllung entgegen: Ihr lasst euch nicht von dem negativen Gefühl fortreißen. Ich habe gelesen, dass ein Reporter während des Präsidentenwahlkampfs in den USA vor der Wahl Obamas seinen Wahlkampfleiter – zunächst gegen Hillary Clinton, dann gegen McCain – fragte: „In einem Satz: Was scheint Ihnen am Präsidentschaftskandidaten Obama charakteristisch?“ Der Wahlkampfleiter antwortete: „Ich habe ihn nie außer sich vor Freude gesehen, wenn alles gut ging und nie verstört, wenn alles schief ging“. Ich würde wirklich gerne wissen, wer sein *Guru* ist … Er wird weder im Erfolg von einem Glücksgefühl mitgerissen, noch in der Not von negativen Gefühlen. Wenn Obama Swamijis Schüler wäre, könnte man sagen, dass er die Absicht hat, einen neuen Beruf auszuüben, nämlich Präsident der Vereinigten Staaten zu werden und nicht länger Senator zu sein und dass seine Praxis dabei tadellos ist.

Findet Erfüllung im Vergänglichen. Ja, es ist nicht von Dauer: Ein beruflicher Erfolg kann abstürzen, eine große Liebe kann zerbrechen und sei es durch den Tod des einen Ehepartners. Ihr lebt in einer relativen Welt, ihr seid heute noch nicht reif dafür, ein Mönch oder ein Swami zu werden, für den nichts anderes mehr wichtig ist als das Wesentliche, „das einzig Notwendige“. Wir folgen einem Weg, der offiziell „der Weg in der Welt der Formen“ genannt wird: Ich investiere Energie in meinen Beruf, meine Reisen, ich spiele ein Musikinstrument und ich gehe ins Konzert, ich verliebe mich, ich interessiere mich für die Bildung meiner Kinder, *als Schüler*. Beides ist vereinbar. Seid nicht einmal ganz auf

Gott ausgerichtet, nur auf Gott, die unendliche Liebe, das Jenseits, die Ewigkeit, und dann wieder völlig in eure Aktivitäten versunken. Wir müssen beides gleichzeitig verfolgen: eure weltlichen Bestrebungen – Erfüllung im Beruf oder in der Liebe – und eure spirituelle Praxis. Es ist also euer ganz konkretes Leben, das euer Fortschreiten auf dem Weg, euer Übersetzen zum „anderen Ufer" unterstützt. Seid nicht im Zwiespalt zwischen einem unrealistischen Ideal, das jetzt noch eine Fälschung ist, und eurer aktuellen Wahrheit. Anders ausgedrückt, wenn ihr etwas wollt, dann handelt, *aber vermeidet dabei, andere zu verletzen. Und wenn ihr andere verletzt, dann habt den Mut, das zu sehen.* Die Wahrheit, nichts als die Wahrheit, die ganze Wahrheit: Ihr wisst, dass manche darunter leiden werden, aber ihr könnt nicht anders, sonst erstickt ihr und verratet euch selbst. *„Not at the cost of your life"* (nicht auf Kosten eures Lebens), sagte Swamiji, nicht dass ihr wirklich sterben würdet, aber man kann sich selbst psychisch zerstören und trotzdem überleben. Es ist eure Pflicht, alles zu sehen, ehrlich und klar zu sehen. Eure heutige Wahrheit ist eure größte Motivation, weiterzugehen. Das ist meine aktuelle Wirklichkeit, die kann ich nicht verleugnen. *„No denial in any form whatsoever"* (Keine Verleugnung, in welcher Form auch immer). Aber ich will mich verändern, es geht nicht anders. Und genau dadurch, dass ihr eure heutige Wahrheit als Schüler lebt, werdet ihr immer freier und geht immer weiter in die Richtung dessen, was ich schon so oft in Erinnerung gerufen habe, nämlich „*complete slavery is perfect freedom*“, vollständige Versklavung ist vollkommene Freiheit. Was ist zu tun, was ist richtig, unabhängig oder jenseits von euren Vorlieben oder Abneigungen?

Ganz wesentlich ist es, euch daran zu erinnern, dass ihr, wenn ein Gefühl aufsteigt – und Ärger ist ein emotionales Gefühl, auch wenn es nicht sehr stark ist –, nicht mehr klar seht. Wenn ihr das doch so schnell wie möglich einsehen könntet. Der arbeitende Verstand beschreibt die Tatsachen ungefähr – oder verzerrt sie vollständig –, aber die Interpretation, die er liefert und die Schlüsse, die er daraus zieht, sind völlig falsch. Ja oder nein, ist da in euch das kleinste bisschen Gefühl? Und ihr übt euch darin, alles anzunehmen, die guten und die schlechten Nachrichten, was das Erreichen eurer Ziele betrifft. Seid gute Spieler: Nehmt das Günstige, aber auch das Ungünstige, das Beruhigende und das Bedrohliche. Das ist der Schlüssel zu eurer Transformation durch die menschlichen Aktivitäten, die nach den offiziellen Normen des mystischen Lebens der Eremiten in ihren Höhlen und der Mönche in ihren Klöstern gar nicht spirituell erscheinen. Was macht aus dem gewöhnlichen Leben einen authentischen spirituellen Weg? Entweder nehmt ihr gar nichts, weder Geld noch Liebesglück, weder Erfolg noch Macht, wie der *Sannyasin*, der Mönch, der alles zurück gelassen hat – Gesundheit: Gott sei gelobt; Krankheit: Gott sei gelobt; Ich werde bewundert: Gott sei gelobt; Ich werde kritisiert, verachtet: Gott sei gelobt – oder aber ihr geht den Weg in der Welt der Formen weiter. Ich will die

Wendung nach außen und bekomme die Wendung nach innen. Eine gute Nachricht: einverstanden; eine schlechte Nachricht: einverstanden; ich habe Erfolg: einverstanden; da ist ein Hindernis: einverstanden. Die Wahrheit ist eindeutig. Ich nehme alles oder ich nehme nichts, weil ich darüber hinaus bin. Aber das ist nicht meine heutige Wahrheit, ich bin nicht darüber hinaus. Ich will unbedingt diese Art Situation vermeiden, unbedingt jener Art Situation ein Ende setzen. In diesem Fall nehmt ihr alles mit Gleichmut. Und genau diese Haltung bewirkt, dass ihr euch innerlich spirituell zur Freiheit hin wandelt.

Es gibt zwei Möglichkeiten: Euer Engagement in welcher Aktivität auch immer lässt euch fortwährend das Unzerstörbare vergessen oder ganz im Gegenteil, euer Engagement in diesem menschlichen, relativen Treiben erinnert euch daran. Alles was euch interessiert, euch gefällt, euch missfällt, euch anzieht, euch abstößt, erzeugt in euch ein Glücksgefühl, erzeugt in euch ein Gefühl des Schmerzes, alles erinnert euch also unaufhörlich an das Wesentliche anstatt es euch immer wieder vergessen zu lassen. Und mit etwas Nachdenken und Urteilskraft werdet ihr sehen, dass es möglich ist.

In dem bekannten Gebet *Vater unser* findet sich diese Bitte: „Führe uns nicht in Versuchung". Auf Latein rezitiert der Gläubige das Gebet auf diese Weise. Warum sollte uns Gott in Versuchung führen und gleichzeitig von uns verlangen, ihr nicht zu erliegen? Es wurden weniger verblüffende Übersetzungen vorgeschlagen: „Unterwerfe uns nicht der Versuchung", „Lass uns der Versuchung nicht erliegen". Nehmen wir mal an, dass diese Welt mit ihren – jedenfalls aus unserer Sicht – schönen und hässlichen Seiten die Schöpfung Gottes ist, oder aus einer anderen, metaphysischen Perspektive, der Ausdruck Gottes, der Tanz Gottes, wie die Wellen der Tanz des Ozeans sind (die Schöpfung *ex nihilo* oder die Schöpfung *ex deo*). Nun ist diese Welt – die Gott zwar erschaffen hat und die er mit Leben erfüllt – eine ständige Versuchung, diesen allgegenwärtigen Gott zu vergessen. Gott ist im Hintergrund von allem, was entsteht – glücklich-unglücklich, Erfolg-Misserfolg, Ankunft-Abreise, Vereinigung-Trennung, Geburt-Tod –, aber diese Welt der Erscheinungen erweist sich als eine ständige Versuchung, das Wesentliche zu vergessen. Es geht weder um die Versuchung, seine Frau zu betrügen, noch um die Versuchung, bei Geschäften nicht ganz ehrlich zu sein – all diese Versuchungen entspringen der Moral –, sondern es geht um die Versuchung, das Absolute zu vergessen. Ich beziehe mich auf Gott, auch wenn sein Name in Swamijis Vokabular gar nicht vorkommt, weil es für euch ein bekannteres Wort als Atman ist. Versteht es im Sinne der „Letztendlichen Wirklichkeit" oder als *the Divine*, wie die Hindus sagen, das Göttliche. Unsere Alltagswelt ist eine ständige Versuchung zu vergessen, also in Schlaf zu fallen: Probleme, Schwierigkeiten, Erfolg, das Lächeln eines Mannes, der Blick einer Frau. Das Vergängliche lässt euch ständig das Unvergängliche vergessen.

Die einzige Möglichkeit, wirklich eure Seinsebene zu ändern, besteht also darin, dass es euch gelingt, euch nicht ständig durch diese relative Welt vom Wesentlichen ablenken zu lassen. „Führe uns nicht in Versuchung" bedeutet also: Diese Welt, die Dein Werk, Deine Schöpfung, Deine Manifestation ist, bewirkt, dass ich Dich den ganzen Tag über vergesse. Aber das kann sich umkehren: Diese Welt, die Dein Werk ist, bewirkt, dass ich mich immer an Dich erinnere. In einem Trappistenkloster ist alles so organisiert, dass der Mönch oder die Nonne sich von morgens bis abends erinnert: Die Architektur, die Messen, die Gebete am Arbeitsplatz. Genau so ist es in einem Zenkloster. *Aber wir leben in dieser Welt, in der alles so organisiert ist, dass wir das Wesentliche vergessen, und der Schlüssel ist, dass es uns im Gegenteil gelingt, uns durch das Unbeständige unaufhörlich an das Ewige erinnern zu lassen.*

Dieser Schlüssel ist einfach, es ist die objektive Feststellung der Reaktion, die auftaucht und sich euch aufdrängt. Ihr seid bewusst genug, euch darüber im Klaren zu sein, dass in euch ein emotionales Gefühl ausgelöst wurde – dass es negativ oder positiv erscheint –, und durch eine beständige Praxis verbindet es euch jedes Mal mit der Erinnerung an das große Ziel und eure Hingabe an den Weg. Bedenkt, verarbeitet und verinnerlicht diesen grundlegenden Gedanken: „Ach! Ein Gefühl: Erinnere dich, erinnere dich." Heute sagt euch das Gefühl: Vergiss, vergiss, lass dich vom Übermaß deiner Glücksgefühle mitreißen, überlasse dich völlig deinem

Zorn. Wenn ihr es wirklich wollt, könnt ihr eine neue Verknüpfung herstellen: „Ich erinnere mich". Es ist auf jeden Fall machbar, sofern ihr über diese grundsätzlichen Gedanken nachgedacht, mit ihnen experimentiert und ihren Wert überprüft habt.

Ihr lebt beides gleichzeitig: Das sogenannte gewöhnliche Leben und die Suche nach dem inneren Königreich. Es ist diese Welt der Vergänglichkeit, die zum Stützpunkt eures Weges zur Ewigkeit wird. Wenn euch diese Aussöhnung nicht gelingt, ist euer Vorhaben aussichtslos. Dann gibt es auf der einen Seite interessante Bücher, eine kostbare Woche bei einem Weisen, und den Rest der Zeit seid ihr vollkommen in den alten Mechanismen gefangen. „Seid wachsam und betet ohne Unterlass." Wie wollt ihr wachsam sein und ohne Unterlass beten, wenn diese Welt euch von morgens bis abends vergessen lässt, wachsam zu sein und zu beten. Wie dahin gelangen, dass im Gegenteil jedes Ereignis dieser relativen Welt euch daran erinnert, wachsam zu sein und zu beten? Entweder das oder gar nichts. Ein Übungsversuch von Zeit zu Zeit, vor allem wenn ihr unglücklich seid, stellt kein echtes Engagement auf dem Weg dar.

Ja, ein Gefühl ist in euch aufgetaucht, das Ego ist verletzt worden und hat reagiert, aber das ist eine Gelegenheit zur Übung. Weder ich in meiner Wut noch ich in meiner Hoffnungslosigkeit, sondern was Swamiji „*you yourself in your intrinsic dignity*" nannte (du selbst in deiner ureigenen Würde). Ich ganz erregt, weil alles gut geht, ich ganz verzweifelt, wenn alles schlecht geht, das bin nicht ich in meiner ureigenen Würde. Versucht hier und jetzt zu einer mehr zentrierten Gegenwärtigkeit eurer Selbst zurückzukehren, wie zu der Mittellinie, um die ein Pendel schwingt, die Mittellinie, zu der es kein Gegenteil gibt. Beobachtet die Bewegung des Pendels in euch selbst: Ich bemerke ein Glücksgefühl, ich bemerke ein negatives Gefühl, das heißt ein Gefühl, das auf einem Nein basiert. Mithilfe der Übungspraxis wird das, was euch vergessen lässt, nun das, was euch erinnert. Euch darin zu üben bewirkt nicht von heute auf morgen ein Wunder und ihr werdet nicht plötzlich für immer und ewig in „Brahman verwurzelt" sein, aber ihr seid dazu aufgerufen. Und es ist diese besondere Disziplin inmitten eures Alltags, die euch zu dem großen Ziel führen wird.

Erinnert euch an bestimmte Worte von Swami Prajnanpad. „*Everything which comes to you comes to you as a challenge and as an opportunity*" – Alles, was euch geschieht, kommt zu euch als Herausforderung und als günstige Gelegenheit: Übt ihr euch daran oder lasst ihr euch von euren Reaktionen mitreißen? Da ist ein emotionales Gefühl, also seid ihr nicht mehr auf der Mittellinie zentriert, sondern werdet zu der einen oder der anderen Seite hinübergezogen. Kehrt zu euch selbst zurück: Ich bin ein Musikinstrument, das mehr oder weniger verstimmt ist, also spiele ich nicht weiter, sondern stimme zuerst mein Instrument. Emotionale Gefühle werdet ihr noch lange haben, aber das ist nicht schlimm, denn in dem Moment, in dem das Gefühl auftaucht, tut ihr innerlich das, was zu tun ist. Innere Feuer werden sich immer wieder entzünden, aber ihr habt immer den Feuerlöscher zur Hand. Lasst euch gesagt sein: Stimmungsschwankungen wird es weiter in euch geben – selbst wenn ihr wirklich in eurer Praxis fortgeschritten seid und gute Erfolge erzielt habt. Etwas berührt euch auf positive Weise und schon habt ihr ein Glücksgefühl. Das Gefühl ist sicher im Moment willkommen, aber es ist nur das Gegenteil von einem Schmerzgefühl. Wenn ihr davon befreit sein wollt, dass verletzende Kritik Macht über euch hat, müsst ihr auch von der Macht der Komplimente, euch Vergnügen zu bereiten, frei sein. Es gibt eine völlig andere Art von Glück als diese Glücksgefühle. Aber selbst wenn ihr fortgeschritten seid, gibt es noch immer Ablenkungen. Habt den Mut, das zu hören und geht nicht gleich wieder der Enttäuschung in die Falle: Das war´s, da haben wir´s wieder, ich bin wieder unglücklich, ich bin wieder mutlos! Mit dem Gedanken im Kopf: Das Leben beginnt wieder zu schmerzen! Nein, das Leben ist wie es ist. Wenn eine Information, eine Tatsache, ein Ereignis in euch eine Reaktion im schmerzhaften Bereich hervorruft, seid nicht überrascht darüber. Aber verliert keine Sekunde damit, euch mit der negativen Reaktion zu identifizieren: „Ich sehe und ich erkenne."

Ihr werdet eine Fähigkeit entwickeln – die man durchaus erlernen kann –, um diese Reaktion abzubauen, eine Möglichkeit, dieses Gefühl zu erleben und euch nicht von den Gedanken täuschen zu lassen, einfach indem ihr euch erinnert – es ist das Einzige, woran ihr euch erinnern müsst –, dass ihr, wenn eine Gefühlsreaktion da ist, nicht mehr „seht“, sondern eine Welt erzeugt. Dann müsst ihr „Ja, so ist es“ zu einer schrecklichen Welt sagen, wobei das „Schreckliche“ im Grunde euer Machwerk ist. Wenn ihr euch aufmerksam beobachtet, werdet ihr bemerken, dass ihr einer Tatsache sofort einen bedrohlichen, schmerzlichen, ärgerlichen Beigeschmack gegeben habt, den die Tatsache als solche gar nicht enthält. Da liegt sehr wohl ein Seil, aber ihr habt es für eine Schlange gehalten. Es ist ein Anschein. Ihr isoliert einen Teil des Ganzen, wie mit einem Zoom vergrößert ihr ein Detail und nehmt es aus der Gesamtheit der Wirklichkeit, aus der Gesamtheit eures Lebens heraus. Ihr gebt einem Ereignis einen negativen Beigeschmack, den es nicht wirklich hat. Von da aus wird das Ereignis, das eigentlich geringfügig war, riesengroß und anstatt die Realität des geringfügigen Ereignisses akzeptieren zu müssen, müsst ihr nun ein tragisches Ereignis akzeptieren, das ihr selbst kreiert habt. Ihr selbst habt durch euer erstes „Nein“, etwas so Beunruhigendes daraus gemacht. Wenn ihr aus einem Furunkel einen Hautkrebs macht, versucht ihr als heldenhafter Schüler zu akzeptieren, dass ihr Hautkrebs habt. Aus einer schlechten Nachricht habt ihr etwas sehr Schwerwiegendes und für die Zukunft Bedrohliches gemacht. Es sind nur Gedanken, es ist nur das grausame Spiel eures eigenen Geistes.

„Alles erinnert mich an meine Übungspraxis“: Dahin müsst ihr gelangen, sonst werdet ihr interessante Bücher lesen, werdet mit einem Seminar zufrieden sein, wird euer Herz von dem liebevollen Blick eines Weisen auf einem Foto berührt sein, aber ihr werdet euch nicht ändern. Irgendwann kommt der Moment, wo das sehr praktisch wird: Ich kremple meine Ärmel hoch, ich nehme eine Hacke, um die Erde aufzulockern, eine Schaufel um zu graben und augenblicklich habe ich vor mir ein Loch, um meinen kleinen Ahorn zu pflanzen. Die gute Nachricht ist, dass dieser Ahorn eines Tages ein zwölf Meter hoher Baum mit acht Metern Spannweite sein wird oder, wie das Evangelium sagt, ein Baum, der so ausladend ist, dass alle Vögel des Himmels kommen, um dort ihr Nest zu bauen.

Praktiziert. Es ist wahr, dass das Himmelreich schon in uns existiert: Die Nacktheit ist nicht in der Zukunft, sie ist schon da, bedeckt mit unseren Kleidern. Aus dieser Sicht wird sogar der Gedanke zu üben und voranzukommen von bestimmen Lehrern in Frage gestellt, die versichern: „Ihr seid erwacht oder ihr seid es nicht, das ist alles. Im Nicht-Erwachtsein ist die Idee des Fortschritts eine Illusion." Aber die gesamte buddhistische Literatur – *hinayana, mahayana, tantrayana* – basiert auf der Praxis, der Übung, um eines Tages tatsächlich darüber hinaus zu gelangen. Swamiji fasste das so zusammen „die Revolution ist der Höhepunkt der Evolution". Also übt euch. Man übt, um Klavierspielen zu können, man trainiert es. „Askese“ bedeutet im Griechischen „üben, trainieren“. Dieses Wort bezeichnete das Übungstraining der Athleten für die berühmten Olympischen Spiele in Athen.

Ihr übt euch darin, eure Beziehung zu anderen – und zu euch selbst – umzuwandeln. Aber habt ihr wirklich die Absicht, anderen zuzuhören oder habt ihr im Endeffekt gar keine Lust dazu und bleibt lieber in eurer Gedankenwelt eingeschlossen? Theoretisch wisst ihr schon, dass das Zuhören Teil der Öffnung des Herzens und des Geistes ist: Einbeziehen, verstehen ... das Nicht-Getrenntsein. Aber er oder sie sagt euch zum hundertsten Mal dasselbe, das ihr für einen Irrtum und einen Ausdruck seines oder ihres Verstandes haltet. *In Wahrheit ist der Versuch, hier und jetzt mit diesem Menschen verbunden zu sein, der Weg zur Nicht-Dualität.* Nur ich, ich und die anderen, die anderen und ich, nur die anderen. Das Ego löst sich auf, indem es annimmt und sich weitet. Seid ihr entschlossen, ja oder nein, euch im Einssein mit dem anderen hier und jetzt zu üben, egal was er sagt und sogar, wenn er aus eurer Sicht im Unrecht ist? Wenn eine euch empfohlene Praxis euch nicht wirklich inspiriert und euch nicht zusagt, ist klar, dass ihr nichts damit anfangen könnt. Wenn ihr euch in den Kopf setzt, gut Gitarre spielen zu lernen, werdet ihr üben. Wenn ihr euch in den Kopf setzt, eine Muskulatur wie Schwarzenegger zu entwickeln, werdet ihr jeden Abend nach der Arbeit Gewichte stemmen. Wenn ihr nur fühlt: „Vielleicht sollte ich ... Ich müsste

… aber ich bin nicht wirklich motiviert“, dann sucht euch etwas anderes, das euch motiviert, aus all dem aus, was die Lehre euch anbietet. Ihr riskiert nicht, falsch zu liegen, wenn das, was euch motiviert, zumindest ein Teil des Weges ist.

Nehmen wir jetzt mal an, ihr spürt: „Ich will wirklich mit dem anderen verbunden sein“, jenseits von „Er regt mich auf, sie versteht nichts, er langweilt mich, sie will mir nicht zuhören“, ist dann der erste Schritt zu schauen, was euch daran hindert wirklich zuzuhören und verbunden zu sein. Ihr werdet entdecken, wie sehr ihr von euren eigenen Gedanken eingenommen seid. Und wenn ihr von euren eigenen Gedanken behelligt werdet, dann muss der andere etwas ganz besonders Interessantes sagen, damit ihr ihm eure Aufmerksamkeit schenkt. Wenn ihr wirklich hier und jetzt mit dem anderen in der „Nicht-Dualität“ sein wollt – was euch von euren Begrenzungen befreien und auf dem Weg vorankommen lassen wird –, übt euch, als gäbe es keine Hindernisse. Was wollt ihr? Nicht mehr in Wut geraten? Dann übt, nicht mehr in Wut zu geraten. Gleichzeitig stellt ihr fest, dass noch immer Gefühle der Unzufriedenheit oder der Nicht-Liebe in euch auftauchen. Es geht nicht darum, euch zu verurteilen, sondern darum, euch zu verstehen. Üben, als gäbe es kein Hindernis, hat man uns schon als Kind beigebracht, aber das war nur die Hälfte der Lektion. „Du sollst nicht lügen, du sollst das nicht tun, du darfst keine böswilligen Gedanken haben, du musst deinen kleinen Bruder lieben“ – den ich nicht ausstehen kann. Man hat uns nur beigebracht, worin wir uns üben sollen, aber nicht wie. Das war völlig unzureichend.

Bezieht das Thema „einem anderen zuhören“ in eure Gesamtsicht des Weges mit ein. Nicht nur: Ich sollte dem anderen um des anderen willen zuhören. Natürlich würde er oder sie sich glücklich fühlen, aufmerksam und liebevoll angenommen zu werden. Aber ihr tut es auch für euch. Alles, was ihr für den anderen tut, tut ihr auch für euch selbst – nicht in dem Sinne, dass ihr es für euer Ego tut, sondern ihr tut es, um über das Ego hinauszugehen. Ihr könnt dem anderen nicht zuhören, wenn ihr zu sehr mit euren eigenen Schwierigkeiten beschäftigt seid. Wie könnt ihr euch für jemand anderen interessieren, wenn ihr selbst so sehr das Bedürfnis habt, dass man euch versteht und euch zuhört. Wie also nach und nach aus euren eigenen Bedürfnissen herauskommen, um für andere zur Verfügung zu stehen? Ihr übt euch, als ob da keine Hindernisse wären, aber ihr bemerkt eure Misserfolge. Warum gelingt es mir nicht?

„Ich möchte, dass es mir gelingt, meine Feinde zu lieben.“ Jemand verhält sich euch gegenüber feindselig: Ihr schaut euch das Erscheinungsbild der Situation an, aber ihr müsst tiefer gehen als das Erscheinungsbild. Dem Anschein nach ist jemand euch nicht wohl gesonnen. Man erzählt euch, dass er sich sehr hart und geringschätzig über euch geäußert hat und eine andere Person bestätigt das. Ihr wollt, dass es euch gelingt, nur Liebe für ihn zu empfinden, aber das ist keineswegs in eurer Programmierung angelegt! Euer Programm heißt reagieren, ihm böse sein. Ihr versucht also zu verstehen: Was hält mich in meiner eigenen Welt gefangen? Schaut hin und ihr werdet es sehen. Ihr müsst an diesen Schwierigkeiten, an diesen Hindernissen arbeiten, um davon geheilt zu werden. Ich bin nicht aufgeschlossen für den anderen, weil ich heute noch viel zu sehr mit mir, mir, mir selbst beschäftigt bin. Wie können wir gleichzeitig völlig mit uns selbst beschäftigt sein und total offen für andere? Da ist also eine ausdauernde innere Transformationsarbeit zu leisten. Das ist nicht geheimnisvoll. Wir hätten gerne Schlüssel, Geheimnisse, eine superschnelle Technik: Ihr habt Fieber, ihr bekommt Antibiotika und fünf Tage später seid ihr wieder gesund. Das ist die wahre Medizin! Aber davon habe ich in den Ashrams und Klöstern, in denen ich mich damals aufgehalten habe, nichts gesehen.

Ihr werdet tiefer unter die Oberfläche schauen, wenn ihr zunächst mit der Oberfläche verbunden seid. Ja. Es ist. In einer Hinsicht ist es heilig, weil es das ist, was hier und jetzt ist. Ich habe oft gehört, dass Swamiji sagte „Alles ist neutral“ und ich konnte das nur schwer verstehen. Aber er sagte auch: „Alles ist neutral, also heilig.“ Heilig, weil es ist (auf Englisch: *isness, suchness, thatness*). Hier und jetzt geschieht genau das, was geschieht. Er oder sie sagt dieses Wort zu mir. Ja. Und „der andere“ ist die große Unterstützung, um euch von euch selbst zu befreien. Befreiung bedeutet, von der Last seiner selbst befreit zu sein: Ich werde verstanden, ich werde bewundert, ich werde nicht beachtet, ich werde alt … ich, ich. Befreit sein von sich selbst, das ist es, was bestimmte Traditionen den „Tod des Ich“ genannt haben. Von sich selbst befreit und für andere da. Das bedeutet nicht, dass ihr, wenn euch jemand ausführlich erklärt, dass drei mal neun dreißig ist, davon überzeugt sein werdet. Der andere hat sachlich eine Unwahrheit behauptet, aber was heilig ist, ist, dass dieser Mensch hier und jetzt diese Behauptung aufstellt.

Indem ihr diesen Gedankengängen zustimmt, gewinnt ihr Zugang zur Tiefe. Was liegt dieser Welt, die wir unaufhörlich bewerten und beurteilen, zugrunde? Wir halten unaufhörlich an dem fest, was uns passt und lehnen unaufhörlich ab, was uns nicht passt. Das Nicht-ich, wie auch immer es geartet ist, ist unsere beste Stütze, um uns vom Ich zu befreien. Und das will das Ego nicht hören. Für das Ego muss der andere meine Erwartungen erfüllen. Der andere soll mich glücklich machen und mir nicht das Leben verderben. Wenn wir verstehen, dass es diese Egozentrik ist, die das Gefängnis darstellt, die grundlegende spirituelle Krankheit, wird der andere, anfangs als „der Feind“ betrachtet, zu einer wertvollen Hilfe. In diesem Moment – das trifft häufig auf die Ehe-Beziehung zu, die einen großen Raum einnimmt, zumindest in manchen Leben – hier und jetzt, erfüllt der andere überhaupt nicht meine Erwartung. Menschlich gesehen erleide ich dadurch einen Verlust, aber aus göttlicher Sicht kann daraus ein Gewinn werden. Ihr benutzt das, was gewöhnlich ganz einfach Leiden ist, als Sprungbrett zum „Selbst“.

Stellen wir uns mal vor (ich ziehe dafür ein recht konkretes Beispiel heran), ein Mann möchte gern Sex mit seiner Frau, während seine Frau an diesem Abend keine Lust dazu hat: Aus menschlicher Sicht ist das äußerst frustrierend. Daraus entsteht Leiden, eine Forderung, ein Vorwurf. Menschlich gesehen seid ihr Verlierer. Ihr spürt den Wunsch, mit eurer Partnerin zu schlafen, aber sie ist überhaupt nicht in der Stimmung. Wenn ihr keine Schüler seid, ist das nur frustrierend. Wenn ihr Schüler seid, dann erinnert ihr euch daran, was euch gelehrt wurde: Menschlich gesehen verliere ich, das ist wahr, aber aus göttlicher Sicht kann ich gewinnen. Wenn es euch gelingt, unter allen Umständen auf dem aufzubauen, was ist (indem ihr die Zukunft offen lasst – dann seht ihr, welche Entscheidungen notwendig sind), dann wandelt sich die Enttäuschung in Frieden und in Gelassenheit. Haltet euch nicht mit dem Beispiel der sexuellen Unlust einer Partnerin oder eines Partners auf. Es gibt täglich Gelegenheiten. Ihr könnt auf eine andere Ebene wechseln und mit einer Tiefe in euch selbst, die immer da ist, die schon immer unablässig auf euch wartet, Kontakt aufnehmen – wie zwei elektrische Drähte, die sich berühren.

Ich vertrete nicht die Sache des anderen. Ich vertrete eure Sache. Es geht um euch, um euren Fortschritt. Wie oft habe ich schon gehört: „Warum soll ich das immer in die Praxis umsetzen? Kannst du nicht meine Frau davon überzeugen, dass sie das tun muss?“ „Warum muss immer ich morgens die Medizin schlucken? Könnte meine Frau nicht auch mal ihre Medizin einnehmen?“

Ihr habt den Hintergedanken, dass eure Partnerin, wenn sie die empfangene Lehre in die Praxis umsetzt, genau so wird, wie ihr sie haben wollt. Sie wird sein wie ich, weil ich Recht habe. Wenn sie praktiziert, wird sie so denken wie ich …

Ich vertrete nicht die Sache des anderen. Es wäre schön für den anderen – wer er auch sein mag –, sich wirklich gehört, verstanden, erkannt zu fühlen, aber für euch ist es noch wertvoller. Erinnert euch immer an Swamijis Worte: „Alles, was hier und jetzt geschieht, geschieht als Herausforderung und als Gelegenheit". Zunächst einmal bin ich es, dem das geschieht. Das ist meins, ich hadere nicht unaufhörlich mit meinem eigenen Schicksal. Nicht ihr wurdet von den Chinesen nach China deportiert, sondern tibetische Lamas; nicht ihr sitzt im Rollstuhl, sondern einer eurer Freunde, der einen schweren Unfall hatte. Es ist mein eigenes Los, damit hadere ich nicht. Ihr kennt auch den Satz: „Alles, was euch geschieht, geschieht, weil ihr es angezogen habt." Ich erkenne an, dass es meins ist.

Aber das Wertvollste ist, dass alles, was euch geschieht, euch als *„a challenge and an opportunity"* geschieht. Alles. Die Herausforderung ist: „Verwende ich es für die Praxis, ja oder nein?" Entweder ihr reagiert, wie ihr früher reagiert habt – von einem bestimmten Standpunkt aus gesehen wie jedermann: Ich bin nicht zufrieden, ich rege mich auf, ich bin begeistert, ich werde Komplize der ausgefallensten und lächerlichsten Gedanken. Eine Herausforderung – und eine Gelegenheit: Ihr müsst diesen

Begriff „Gelegenheit“ auf eine ganz und gar positive Weise verstehen, so wie etwas vollkommen Schönes: Hier ist die kostbare Unterstützung, die ich brauche, um innerlich mit meinem eigenen tiefsten Frieden in Kontakt zu treten. Ich wiederhole: Menschlich gesehen, auf der gewöhnlichen Verstandesebene des Egos, der Anziehung und Abstoßung, seid ihr Verlierer, aber auf einer anderen Ebene könnt ihr auf der Stelle Gewinner sein und nicht erst, „wenn meine Psychotherapie beendet ist“ oder „wenn ich mich völlig verändert habe“. Wenn ihr euch sehr verändert habt, wird euch das, was euch heute große Anstrengung kostet, viel leichter fallen, wie bei jeder anderen Kunst, in der ihr euch übt, auch. Gelegenheit ist ein überaus positives Wort und ihr könnt genauso gut sagen: „Eine Chance.“ Der andere wird sogar in dem Moment, wo er sich euch gegenüber negativ verhält, eure kostbarste Gelegenheit, um mit Gott in euch in Kontakt zu treten – und ihr könnt das Wort Gott durch Atman ersetzen oder durch Buddha-Natur, wenn euch das mehr inspiriert.

In jedem kleinen Lebensausschnitt ist der ganze Weg, die ganze Lehre enthalten: Das Ego, der Verstand, die Dualität, Anziehung und Abstoßung, die Zeit, der Raum, Ursache und Wirkung. Alle großen Themen finden sich im kleinsten Ausschnitt wieder – nicht nur in starken Emotionen und nicht nur in Momenten der Gnade oder der tiefen Meditation. Ein neuer Zugang besteht darin, mit eurem ganzen Wesen den Beschluss zu fassen: Ich stelle die Realität nicht infrage. Wie die gewöhnliche

Welt sich hier und jetzt manifestiert, ist Ausdruck der höchsten Realität, so wie jede Welle Ausdruck des einen Ozeans ist.

Swami Prajnanpad hat auch diese erstaunliche Aussage gemacht: „Solange ihr nicht realisiert habt, dass das Angenehme und das Unangenehme überhaupt nicht existieren, könnt ihr euch nicht davon befreien. Das Unangenehme – man könnte auch sagen das Ungünstige – ist die Situation, in der ihr menschlich gesehen Verlierer seid. Aber wenn ihr aus metaphysischer Sicht Gewinner seid, könnt ihr nicht sagen, dass das ärgerlich ist. Das Unangenehme ist die gängige Erfahrung. Wenn man euch heftig kritisiert, ist das Teil des Unangenehmen, und wenn man euch zustimmt und euch dankt, ist das Teil des Angenehmen. Aber die Tatsache, dass man euch mit ungerechtfertigten Vorwürfen behelligt, ist die Unterstützung für einen Moment des Erwachens. *Ihr nutzt das Ungünstige dazu, mit dem in Kontakt zu treten, was jenseits dessen liegt, was gewöhnlich als günstig oder ungünstig angesehen wird.* Das was gewöhnlich als angenehm empfunden wird, lässt uns leicht unsere Verpflichtung gegenüber dem Weg vergessen. Das ist bekannt, man erinnert sich eher an Gott, wenn man unglücklich ist, als wenn alles gut geht. Ihr ertappt euch bei einem gewöhnlichen Glücksgefühl und wisst, dass diese freudige Stimmung vergänglich ist, dass das, was euch heute so vorteilhaft erscheint, Folgen haben wird, die ihr nicht kennt und die nicht ersichtlich für euch sind. Heute geschieht mir dies und morgen geschieht mir das.

Aus etwas Gutem entsteht etwas Schlechtes, aus etwas Schlechtem entsteht etwas Gutes. Ihr werdet herausfinden, dass die Realität neutral ist und dass wir es sind, die den Moment als gut oder schlecht bewerten. Es ist, also ist es heilig. Es ist eine Herausforderung und eine gute Gelegenheit. Wenn wir völlig davon überzeugt sind, ist es noch nicht mal mehr eine Herausforderung, weil es unmöglich geworden ist, es nicht hier und jetzt in die Praxis umzusetzen. Also ist das, was weh tut, die perfekte Hilfe, um in uns eine Ebene dauerhaften Glücks zu erreichen, das sich von der gewohnten Annehmlichkeit, deren Gegenteil der Schmerz ist, unterscheidet.

Dazu will ich eine andere bemerkenswerte Aussage von Swamiji zitieren: „Solange irgendetwas für euch existiert, könnt ihr nicht frei davon sein." Ihr seid frei von allem, was für euch gar nicht existiert, was nicht mehr Teil eurer Welt ist, was in eurem Leben überhaupt keine Rolle mehr spielt. Wir wissen, dass es existiert, aber es existiert nicht *für uns*. Wenn etwas, das im weltlichen Sinn des Wortes Erfolg genannt wird, für euch existiert, das heißt, in euren Augen wichtig ist, könnt ihr nicht frei davon sein. Ihr werdet alle Irrungen und Wirrungen eures Lebens dahin gehend beurteilen, ob sie für euren Erfolg günstig oder ungünstig sind. Wenn dieses Thema völlig aus eurem persönlichen Interessenbereich verschwunden ist – ein Eremit in seiner Höhle kümmert sich nicht um Erfolg –, seid ihr frei.

Der ganze Weg führt euch in Richtung Eigenständigkeit und Unabhängigkeit. Indem ihr in eurem Inneren

Fülle, Freude und Frieden findet, werdet ihr immer freier von der Versklavung durch Wünsche und Ängste. Aber ich weiß, wie sehr diese absolute Losgelöstheit dem Ego eher unmenschlich als übermenschlich erscheinen kann. Weist weder den Gedanken noch die Möglichkeit zurück – vor allem nicht die allmähliche Annäherung daran. Es geht nicht darum, auf etwas zu verzichten oder etwas zu opfern, sondern darum, über etwas hinauszugehen. Zwischen meinem zehnten und dreizehnten Lebensjahr spielte Rollschuhlaufen (die einzige körperliche Aktivität, für die ich begabt war) eine große Rolle in meinem Leben, dann verschwand es auf natürliche Weise. Zwischen dem 16. und 20. Jahr war Angeln und Jagen meine Leidenschaft und ich kannte den damals berühmten Katalog von „Manufrance" (die Waffen- und Fahrradfabrik von Saint-Étienne) auswendig. Das Blatt wendete sich von selbst und ich ging zu einer anderen Sache über: Dem klassischen Theater und den Mitwirkenden der Comédie-Française.

Swamiji blies in die Glut, die unter der Asche schwelte, um das Feuer auflodern zu lassen, damit alles, was in uns verborgen war, an die Oberfläche kam. In manchen Fällen genügte es, wenn er nur ein kleines bisschen blies, damit in drei Sekunden ein schönes Feuer brannte. Aber eines Tages schlug Swamiji mir vor: „Du könntest in die Politik gehen und „ a *member of Parliament*" werden." „ Ja, ja, du hast Politikwissenschaften studiert. Um Politik zu machen, muss man fähig sein, das Wort zu ergreifen und zu überzeugen, und Denise sagte, dass du sehr begabt dafür seist, Vorträge zu halten …" Swamiji blies eine Stunde lang in die Asche, unter der kein bisschen Glut war. Alles, was Frauen betraf, existierte, was den Erfolg betraf, auch. Das war zu einer Zeit sogar sehr wichtig. Politik nie. Das war etwas, das in meiner Welt keine Rolle spielte. Ich weiß auch, dass im Kasino zu spielen und zu verlieren, existiert. Es gibt Menschen, die eine Psychotherapie brauchen, um von der Spielsucht geheilt zu werden: Ich habe noch nie einen Cent in einen Spielautomaten gesteckt. Das Spiel und das Kasino sind auch eine Wirklichkeit, die für mich nie existierte. Aber solange es noch irgendetwas gibt, das für euch existiert, könnt ihr nicht frei sein. Ihr bleibt versklavt von Erfolgen und Misserfolgen, von gut und böse oder richtig und falsch, je nachdem, wie ihr es gerade seht.

Aber ich muss euch trotzdem sagen, dass „etwas" – und etwas nicht ganz Unbedeutendes – „euch" weiterhin angeht, auch wenn das „Ich" aufgelöst ist: Das Leiden der anderen. Das Unglück um euch herum zu lindern, möge ein Ansporn für euren persönlichen Sieg über euer eigenes Leiden werden.

Seid nicht ungeduldig. Bleibt euch selbst treu, Tag für Tag, Etappe für Etappe. Schaut weit hinaus zum Horizont, auf den ihr zugeht, und schaut ganz genau aus nächster Nähe, wohin ihr eure Füße setzt, Schritt für Schritt.

Der Autor

Arnaud Desjardins (1925-2011) war einer der ersten Europäer, die die großen östlichen Lehren im Westen, vor allem in Frankreich, bekannt machten. Er wuchs in einem engen und rigiden protestantischen Umfeld auf und war früh bestrebt, aus dieser Enge zu entkommen und seinen Gesichtskreis zu erweitern. Während eines einmonatigen Aufenthaltes in einem Trappistenkloster vertiefte er sein Verständnis des Evangeliums und der christlichen Tradition und arbeitete jahrelang außerhalb eines religiösen Kontextes in Gurdjieff-Gruppen an seiner spirituellen Entwicklung.

Besonders intensiv prägte ihn aber seine Begegnung mit der östlichen Spiritualität in Indien, Afghanistan und Japan. Beruflich war er für das ORTF (Office de Radiodiffusion et Télévision Française) tätig und drehte in diesen Ländern Dokumentarfilme über indische Heilige, tibetische Rinpoches, Zen-Meister und afghanische Sufi-Meister, zum Teil unter dem Patronat des Dalai Lama.

Diese Filme waren sehr erfolgreich und wurden durch das französische Fernsehen einem großen Publikum zugänglich gemacht, das zum ersten Mal mit östlicher Weisheit in Berührung kam.

1965 begegnete er dem bengalischen Advaita-Lehrer Swami Prajnanpad und folgte fortan viele Jahre lang unter direkter Anleitung dessen Schulungsweg. Auf Anregung seines Meisters gründete Arnaud 1974 einen Ashram in Frankreich, der sich beständig vergrößerte und mehrfach umziehen musste, wo er die Advaita-Lehre, die er empfangen hatte, in einer sehr praktischen und lebensnahen Ausformung weitergab und selbst einen Schulungsweg anbot. Auch in Kanada und Mexiko lehrte er regelmäßig einige Monate im Jahr. Aus seinen Lehrgesprächen sind zahlreiche Bücher entstanden, aber er ist auch selbst Autor verschiedener Bücher, in denen er die Lehre ausführlich darlegt.

NÄHERE INFORMATIONEN

Hauteville
07800 Saint-Laurent-du-Pape
France
www.amis-hauteville.fr

Mangalam
120, chemin Verger-Modèle
Frelighsburg
Québec JOJ 1CO
Canada
www.mangalam.ca

Jeder Interessierte ist eingeladen,
per Post Kontakt aufzunehmen.

Saritha M. Wimmer
Überfließende Schlichtheit
Vom Tropfen zur Quelle

advaitaMedia,
Hardcover, 112 Seiten
ISBN 978-3-936718-61-4

Überfließende Schlichtheit

Vom Tropfen zur Quelle

Saritha M. Wimmer ist eine Frau, die eine brennende Sehnsucht nach Rückbindung bereits in jungen Jahren spürte und kompromisslos dieser inneren Kraft folgte. In gnadenvollen Öffnungen, die eine innere Auferstehung erblühen ließen, erwachte sie zur Erkenntnis des Selbst. In OM C. Parkin fand sie ihren letzten Lehrer, der sie fördernd und unterstützend in den letzten Jahren begleitete.

Ist es erstrebenswert, eine innere Rückbindung zum Göttlichen hin zu erfahren, eine innere Gewissheit, die geistigen und seelischen Frieden bringt? Der innere Weg des Erkennens schenkt uns alles, indem er alles nimmt. Schlichtheit als Qualität wahren Menschseins erblüht in all dem als notwendiges Tor zur Selbsterkenntnis. Und nichts ist sanft-kräftiger, als das.

In diesem Buch beschreibt die Saritha ihren Erwachensweg anhand von Gedichten, wunderschön illustriert mit Aquarellen von Christoph Konradi, und einem vorangehenden, autobiographischen Teil, der den Leser liebevoll und kompromisslos an Antworten aus der Quelle teilhaben lässt.

„Unser wahres Wesen ist schlicht und ganz natürlich. Möge sich überfließende Schlichtheit in dir, als Herz im Herzen, zur vollen Blüte in Selbsterkenntnis entfalten."

Saritha M. Wimmer

advaita media

www.advaitamedia.com

OM C. Parkin
Wenn Stille spricht
Inspirierende
Weisheitskarten

advaitaMedia,
80 Zitat-Karten mit
Begleitheft in Holzbox.
ISBN 978-3-936718-59-1

Wenn Stille spricht

Inspirierende Weisheitskarten

Diese Karten mit Zitaten des spirituellen Meisters OM C. Parkin sind zusammen gestellt für Liebhaber der Weisheitslehre, der Philosophie und der Mystik, unabhängig von einer Religion, die offen und bereit sind herauszufinden, wer sie wirklich sind und was sich unter der Oberfläche des Geistes befindet. Diese inspirierenden Worte aus der Stille beinhalten Koans, aufrüttelnde Fragen, Aphorismen, Paradoxien und vieles mehr. Die Zitate sind ausgewählt aus seinen Vorträgen, Dialogen, Büchern und Unterweisungen. Das Begleitheft gibt Anregungen zum täglichen Gebrauch und verweist auf weitere Quellen der Weisheit. Viel Freude beim Nutzen dieser sprudelnden, mystischen Quelle für die Begegnung mit dir selbst!